KB273378

엄마, 행복해?

자기계발 전문가 이숙영의 행복한 삶을 위한 제안

엄마, 행복해?

이숙영 지음

세종미디어

CONTENTS

 # 일을 통해 인생을 구원받다

대학에서는 물리학을 전공했고, 두 아이의 엄마로 주변 사람들에게 아무런 지지도, 도움도 받지 못했던 내가 불모지나 다름없던 자기계발 분야에 관심을 둔 이유는 무엇일까. 그것은 시장에 대한 선경지명이 있어서라기보다는 오직 나의 관심사 덕분이었다.

나는 혼자였다.

철저히 혼자였다.

가족이나 친구들과 함께 있어도 그들과 하나라는 느낌을 가질 수 없었다. 남편과 같은 침대를 쓰면서도 혼자라는 느낌이 언제나 나를 힘들게 했다.

사실 이 세상을 살면서 글자 그대로 혼자인 사람은 거의 없다. 부모, 형제, 친척, 친구, 이웃들이 있기 때문이다. 혼자라는 것은 이들과의 관계가 나 자신을 풍요롭게 만들지 못해서, 함께하는 경험을 쌓지 못해서 받는 느낌이 아닐까 싶다.

우리 삶의 아이러니는 수명은 길어져 살아갈 날이 늘어난 반면에 직장생활의 수명은 더 짧아졌다는 사실이다. 따라서 인생 후반기를 미리 준비하지 않으면 나이 들어 저임금의 노동으로 자신의 생계를 꾸려나가야 할지도 모른다. 참으로 고단하고 기가 막힐 일이 아닐 수 없다. 자기만의 평생 직업을 만들어놓아야 하는 이유가 바로 여기에 있다.

평생 직업은 자신의 재능에 기초해서 만들어야 한다. 그래야 그 분야에서 최고가 될 수 있고, 사람들로부터 인정을 받아 시장의 수요가 일어나게 된다. 그것이 바로 비즈니스의 출발점이다. 성공 여부는 재능을 얼마나 많이 가지고 태어났느냐에 달려 있지 않다. 타고난 재능을 얼마나 잘 쓰느냐에 달려 있다.

내 재능을 살린다는 건 나를 의한 일이요, 시장의 수요에 응한다는 건 타인을 위한 일이다.
자신의 재능이 얼마가 되었든 잘 쓰고 가는 사람, 그는 자신과 타인을 진정으로 위하는 방법을 아는 사람이며, 인생을 가장 아름답고 가치 있게 사는 사람이다.

자기만의 길을 새롭게 창조해 나간다는 건 매우 고독하고 외로운 작업이다.

하지만 이런 고독과 외로움은 우리의 내면을 더욱 성찰하도록 해주기에 더욱 자신에게 집중할 수 있다는 이점이 있다.

이때 명심해야 할 것은 돈에 대해서는 각자에 맞게 어느 정도의 선을 그어놓을 필요가 있다는 점이다. 돈에 대한 인간의 욕심은 무한하기 때문이다. 자신이 돈을 버는 이유, 훗날 그 돈으로 하고 싶은 일들을 미리 생각하고 계획해 놓지 않으면 자기도 모르게 돈의 노예가 되어 스스로를 내버리는 삶을 살다 생을 마치게 될 수도 있다. 이는 참으로 안타까운 일이다.

돈보다 더 중요한 것은 삶에 대한 나의 감정들이다. 남은 인생을 얼마나 열정적으로, 즐거운 마음으로, 신나게 살아갈 수 있는가가 돈보다 훨씬 더 중요하다.

최고의 자기계발이란 자신의 재능을 다양한 방식으로 계발해 보고, 그중에서 한두 가지의 핵심역량을 만들어내고, 그것에 집중하면서 다양하게 활용하는 것이다.

좋아하지 않는 분야의 일을 하면서 오래도록 열정을 유지하는 사람은 없지 않을까? 그리고 열정 없이 훌륭한 성과를 기대하는 건 거의 불가능한 일이다.

나는 자신의 현재를 한탄하는 사람을 보면 당신의 재능을 찾아내는 데 얼마나 많은 고민과 노력을 했는지 묻고 싶어진다. 물론 그 길이 결코 만만치는 않다. 하지만 그 길은 나 말고는 찾아줄 사람이 없다. 전적으로 나의 책임이다.

지금 나에게는 평생을 걸고 온수하고자 하는 사명이 있다. 그것은 '개개인의 풍요로운 삶을 위한 전략적 파트너'가 되는 것, '평범한 개인이 비범한 성과를 올려 행복해질 수 있도록 최선을 다하여 돕는 것'이다.

나는 오늘보다 나은 내일을 꿈꾸는 사람들에게 희망을 주고, 그들의 잠재능력을 이끌어내 주는 퍼실리테이터facilitator, 불쏘시개가 되고 싶다. 꺼져가는 작은 불씨에 자극을 주어 다시 스스로 활활 타오를 수 있도록 도와주는 역할이 나는 좋다. 그럴 때마다 에너지가 샘솟는다.

나는 내 일을 너무나 사랑한다. 돈이 되든 안 되든 내 일을 평생의 업으로 생각한다. 나에게 있어 일은 수단이 아닌 목적 그 자체이기 때문이다. 일을 할 때 가장 큰 기쁨과 보람을 느끼기 때문이다. 그래서일까. 사람들은 일을 하는 내 모습이 보기 좋다고 한다. 언제나 밝고 명랑하니까. 이 일을 처음 시작할 때부터 지금까지 내내 그랬다.

일을 시작하면서 나는 스스로에게 약속했다. '아무리 돈을 많이 벌 수 있다 해도 영혼을 갉아먹는 일은 하지 않겠다.'고. 돈에 얽매이다 보면 결국 영혼은 황폐해질 것이고, 한번 황폐해진 영혼은 억만금의 돈으로도 되살릴 수 없다는 것을, 나는 너무나 잘 알고 있다. 나 역시 영혼이 황폐해져서 세상을 살아가기가 죽기보다 싫었던 적이 있었기 때문이다.

돈 되는 일이면 무엇이든 다 한다는 사고를 가진 사람도 이해는 할 수 있다. 하지만 그들과 함께하고 싶지는 않다. 이는 직업을 선택함에 있어서도 아주 위험한 발상이다.

물론 우리는 직업을 통해 돈을 번다. 아니 돈을 벌기 위해 직업을 갖는 경우가 대부분이다. 자본주의 사회에서 돈은 매우 중요하다. 그러나 돈벌이만을 목적으로 직업을 선택하는 것은 바람직하지 않은 일이다. 실제적으로 직업이 필요한 이유는 돈보다도 직업을 통해 자신의 역량을 펼칠 수 있는 장이 되어주기 때문이다. 우리는 그런 곳에서 자신의 존재가 가치 있음을 느끼게 된다.

좀 더 세상을 크게 바라보자. 우리들이 직업을 통해 얻고자 하는 것은 돈_{경제적 욕구}뿐만이 아닐 것이다. 사람들은 일을 하면서 보람과 기쁨_{심리적 욕구}을 느끼고, 남들로부터의 인정_{사회적 욕구}을 받고 싶어 한다. 엄밀한 의미에서 이 세 가지 조건을 모두 충족시켜야 진정한 직업인이라고 할 수 있지 않을까?

그중에서도 나의 경우, 가장 우선순위에 두었던 것은 '보람과 기쁨'이었다. 이 일에 뛰어들 당시엔 살아 숨쉬기 위해서는 무엇보다 심리적 평안이 절대적으로 필요했다. 정신적 빈곤이 물질적 빈곤보다 얼마나 고통스러운지 체험한 후였기 때문이다. 그리고 과감하게 일을 시작한 후에는 즐겁게, 열심히, 꾸준히 일을 했고 차츰 경제적 욕구와 심리적 욕구, 그리고 사회적인 욕구도 채워지기 시작했다.

일을 통해 매일매일 삶이 풍요로워지고 성장할 수 있다면 돈은 좀 적게 벌더라도 서슴없이 그 일을 해야 한다. 정신이 풍요로운 사람은 많은 돈을 벌 수 있다. 반면에 경제적으로 풍요로운 사람이 꼭 정신적인 풍요를 누리는 것은 아니다.

실제로 지금도 나는 일을 통해 삶이 풍요로워지고, 내 자신이 성장하고 있음을 체험하고 있다. 내가 체험하고 있는 것을 크게 세 가지로 분류하면 다음과 같다.

첫째, 나는 일을 통해 가르치는 즐거움을 체험하고 있다.

나는 주로 강연과 글을 쓰는 일을 한다. 직장인처럼 매달 일정한 수입이 보장되지는 않지만 그래도 내 밥벌이는 한다. 누군가를 가르치면서 가장 많이 배울 수 있는 사람은 나 자신이며, 매일매일 성장하는 삶을 살 수 있다는 건 그 무엇과도 바꿀 수 없는 나의 소중한 자산이다. 나는 이렇게 실제적인 자산과 영혼의 자산을 매일 벌어들이고 있다.

둘째, 나는 일을 통해 배움의 즐거움을 만끽하고 있다.

이를 통해 나는 자기만족_{심리적 만족}을 체험한다. 나의 대표적인 강점인 학구열과 호기심, 열정, 신명, 활력 등을 일상생활에서 매일 발휘할 수 있기에 나의 하루는 즐거움으로 가득하다. 일을 통해 만나게 되는 사람들로부터 새로운 지식과 정보를 얻을 때마다 내 마음은 설렘과 즐거움으로 가득해진다.

셋째, 일을 통해 진정으로 함께하는 즐거움이 무엇인지를 체험하고 있다.

내가 일을 시작한 후부터 나를 찾는 사람들이 많아졌다. 아무에게도 말하지 못했던 자신의 고민이나 걱정을 나에게 털어놓는 사람들이 많아졌다. 그러나 오히려 그들의 이야기를 들으면서 내가 많은 것들을 배우고 있다. 그들은 나를 통해, 나는 그들을 통해 성장하고 치유되는 삶을 살고 있다. 그래서 우리는 서로에게 스승인 셈이다.

이렇게 나는 일을 통해 인생을 구원받았다.

물론 아무런 노력 없이 얻어진 것은 아니다. 지금의 내 삶은 10여 년을 고민하고, 더 나은 삶을 살려고 애쓰며, 나 자신에게 투자한 대가로 얻은 귀중한 선물인 것이다.

나는 요즘 서울과 부산을 넘나들며 살고 있다. 곰곰이 생각해 보니 내가 이렇게 살 수 있는 것은, 그 밑바탕에 세상을 향한, 사람을 향한, 그리고 나 자신을 향한 '사랑'의 힘이 있기 때문인 것 같다. 무언가에 열정이 없다는 건 사랑이 없다는 뜻이다. 삶의 의미를 찾아내지 못했다는 건 자기 삶에 대한 사랑이 부족하다는 뜻이다.

우리가 무언가를 사랑할 때 그것은 우리에게 가치 있는 것이 된다. 그리고 가치 있는 것이 될 때 우리는 그 일에 더 많은 시간을 투자하고, 즐기고 보호하고 싶어진다.

예를 들어 자동차를 사랑하는 젊은이는 많은 시간과 정성을 자동차를 닦고, 광을 내고, 수리하는 데 바친다. 정원 가꾸는 일을 사랑하는 사람은 많은 시간을 꽃을 다듬고 거름을 주고 잡초를 뽑는 데 할애할 것이다. 마찬가지로 누군가를 사랑하는 사람 역시 그 사람과 맛있는 음식을 같이 먹고 영화도 같이 보고, 밤새 서로 사랑을 나누는 데 많은 시간을 할애할 것이다.

사랑을 한다는 것은 천국에 산다는 것과 다름없다. 사랑에 대한 보상으로 천국이 주어지는 것이 아니라 사랑하는 그 자체가 바로 천국이다. 사랑은 조건도 수단도 될 수 없다. 만약 사랑이 조건이나 수단이 된다면 상대에게 희생을 요구하게 되어 있다. 사랑의 대상이 사람이든 일이든 사랑에 중독된다는 것은 얼마나 멋진 일인가.

세상의 수많은 사람들은 일과 인생을 즐기고 몰입하는 대신 남에게 보이는 모습에 집착함으로써 자신의 인생이 아닌 타인의 인생을 살아간다. 이는 크게 잘못된 삶이다.

커리어개발의 첫 출발점은 자신의 욕구를 들여다보는 것에서 시작되어야 한다. 그래야 지치지 않고 오래 할 수 있다.

많은 사람들이 자신이 원한다고 생각하는 것을 성취하기 위해 열심히 노력하면서 살아간다. 그리고 결국 성취하는 사람들도 있다. 하지만 삶의 마지막에 가서는 자신이 이룬 것에서 아무런 기쁨이나 만족을 얻지 못할 수도 있다. 어쩌면 그들은 그때 가서 "이게다야?"라고 자신에게 물을지도 모른다. 외면적인 성취가 내면의 가치관과 조화를 이루지 못할 때 생길 수 있는 일이다. 나는 여러분에게 사명서를 한번 써보라고 권하고 싶다. 사명서는 내면의 가치관, 즉 자신의 진정한 가치관이 무엇인지 알 수 있는 방법이다.

나는 6년 전에 써놓은 '이숙영 사명서'를 지치고 힘들 때마다 거울 보듯이 들여다본다. 그러면 신기하게도 거짓말처럼 열정이 샘솟고, 행복해진다.

　나는 자신의 존재 가치를 찾기 위해 애쓰며, 자신이 이 세상에서 무엇을 해야 하는지를 몰라 방황하고 힘들어하는 사람들을 돕는 일에 내 평생을 바치고 싶다. 특히 탁월한 자신만의 재능이 있음에도 불구하고 사회적으로, 가정적으로 늘 억압되어 자신의 역할을 찾지 못해 헤매는 여자들 편에 서고 싶다.

　그들에게 그들 자신도 무한한 가치가 있는, 한 인간이라는 것을 일깨워주고 싶다. 그것은 바로 내가 이 땅에서 여자로 살아왔고, 방황하던 시기에 죽을 만큼 힘들었지만 나에게 용기와 희망을 불어넣어주는 사람이 아무도 없었기 때문이다. 그 고충을 누구보다 잘 알기에 그들과 함께하고 싶다.

　나는 사람들 속에서 함께 울고 웃으며, 그렇게 부대끼면서 살아갈 것이다. 꿈이 없는 이들에게는 꿈을, 꿈은 있지만 두려움 때문에 아직 자기만의 세상을 펼치지 못하고 있는 이들에게는 자신감과 도전의식을 심어주는 사람이 되고 싶다. 무언가를 갈구하는 사람에게는 누군가의 작은 말 한마디가 그의 인생을 송두리째 바꿔놓을 수 있는 계기가 된다는 것을 너무나 잘 알기 때문이다.

나는 사람들 속에 있을 때 느껴지는 행복감이 참 좋다. 물론 혼자 있을 때도 좋지만 우리가 바라는 궁극적인 행복은, 결국 '나와 관계를 맺고 있는 사람' 들 속에 있다.

이제 나는 혼자가 아니다. 그래서 행복하다.

이숙영

저것은 벽
어쩔 수 없는 벽이라고
우리가 느낄 때
그때
담쟁이는 말없이 그 벽을 오른다

물 한 방울 없고 씨앗 한 톨 살아남을 수 없는
저것은 절망의 벽이라고 말할 때
담쟁이는 서두르지 않고 앞으로 나아간다

한 뼘이라도 꼭 여럿이 함께 손을 잡고 올라간다
푸르게 절망을 다 덮을 때까지
바로 그 절망을 잡고 놓지 않는다

저것은 넘을 수 없는 벽이라고 고개를 떨구고 있을 때
담쟁이 잎 하나는 담쟁이 잎 수천 개를 이끌고
결국 그 벽을 넘는다.

- 도종환, 「담쟁이」

나는 세상의 중심이다

내 이름을 아십니까?

지금 당신은 어디에 있는가?

학창 시절 공부도 잘하고

특별활동에도 뛰어나던 그녀

여학교를 졸업하고 대학입시에도 무난히

합격했는데 지금은 어디로 갔는가

감잣국을 끓이고 있을까

사골을 넣고 3시간 동안 가스불 앞에서

더운 김을 쏘이며 감잣국을 끓여

퇴근한 남편이 그 감잣국을 15분 동안 맛있게

먹어 치우는 것을 행복하게 바라보고 있을까

설거지를 끝내고 아이들 숙제를 봐주고 있을까

아니면 아직도 입사원서를 들그

추운 거리를 헤매고 있을까
당 후보를 뽑는 체육관에서
한복을 입고 리본을 달아주고 있을까
꽃다발 증정을 하고 있을까
다행히 취직해 큰 사무실 한 켠에
의자를 두고 친절하게 전화를 받고
가끔 찻잔을 나르겠지
의사 부인, 교수 부인, 간호사도 됐을 거야
문화센터에서 노래를 배우고 있을지도 몰라
그러고는 남편이 귀가하기 전
허겁지겁 집으로 돌아갈지도

그 많던 여학생들은 어디로 갔을까
저 높은 빌딩의 숲, 국회의원도 장관도 의사도
교수도 사업가도 회사원도 되지 못하고
개밥의 도토리처럼 이리저리 밀쳐져서
아직도 생것으로 굴러다닐까
크고 넓은 세상에 끼지 못하고
부엌과 안방에 갇혀 있을까
그 많던 여학생들은 어디로 갔는가

- 문정희, 「그 많던 여학생들은 어디로 갔는가」

"너는 나처럼 살아선 안 돼!"

많은 전업 주부들이 자식들에게 흔히 하는 말이다.

'조기유학, 치맛바람, 사교육 열풍' 등등의 단어들에 그림자처럼 숨어 있는 엄마들. 그녀들은 왜 그토록 자식들에게 매달리는 것일까?

내가 대학을 다니던 80년대만 해도 여성들에게는 자신의 존재감을 느낄 만한 요인이 거의 없었고, 여성들은 자신의 것, 자신의 권리를 당당히 주장하지 못했다. 결혼한 여자에게는 남편과 자녀가 전부였기에 남자에 따라 행복과 가치가 달라졌다.

이런 한을 갖고 살다 보니 표면적으로 자녀의 행복을 위해서라고 이야기하지만 실제로는 좌절된 욕구를 보상받고 싶어서 자식들에게 매달리는 것이다. 그러나 이런 경우, 아이러니하게도 자녀들 또한 자신의 인생을 자신의 욕구를 위해 사는 것이 아니라 부모를 기쁘게 하기 위해 사는 꼴이 된다.

이럴 때 자녀는 자신의 성장을 희생시킬 수밖에 없다. 즉 어머니가 여성으로서 행복하지 않다는 것은 자신의 인생뿐만 아니라 다음 세대인 자녀의 인생도 망가뜨리게 될 확률이 높다. 엄마의 채찍질로 상처받은 아이들이 어른이 되어 가정을 꾸미면 배우자와 자식에게 더 혹독한 채찍질을 가해 더 큰 상처를 주게 된다. 정말이지 끔

찍한 악순환이 아닐 수 없다.

남편이 출근하고 아이들이 모두 나간 이 시간, 당신은 무엇을 하고 있는가?

쇼핑을 하러 나갈 준비를 하는가?

아니면 헬스장으로 운동을 하러 갈 준비를 하는가?

그도 아니면 강좌를 듣기 위해 문화센터로 갈 준비를 하는가?

남편과는 사랑으로 사는가?

정으로 사는가?

아니면 경제적으로 독립할 수 있는 여건이 안 되어 그냥 함께 사는가?

당신에게도 꿈이 있고 희망으로 가득했던 시절이 있었을 것이다.

그런데 지금 당신은 어디에 있는가?

지금 한번 자신의 이름을 소리 내어 불러보자. 어쩌면 약간 어색하게 들릴지도 모르겠다. 너무나 오랫동안 불리어지지 않은 이름이기에. 여자는 때로 다른 사람의 인생은 소중하게 돌보면서 자기 자신의 인생은 소홀히 한다.

물론 다른 사람을 돌보는 것도 중요한 일이다. 하지만 자신의 가치를 '다른 사람을 돌보는 사람'으로 한정 지으면 언젠가는 자기를 잃어버리는 가혹한 대가를 치르게 된다.

　자신의 이름을 찾는다는 것은 곧 자신의 아이덴티티를 찾는다는 뜻이다. 이제는 누구 아내, 누구 엄마에서 벗어나 내 이름으로 세상을 살아가야 한다. 가족도 소중하지만 그보다는 내가 더 소중하다. 나의 소중함을 아는 사람만이 진정으로 타인의 소중함을 알 수 있으며, 타인의 개별성을 인정하고 존중해 줄 수 있다.
　작가 머라이어 하우스덴은 마흔이 되었을 때 중요한 깨달음을 얻었다고 말한다.

"나는 평생 동안 더 나아지기 위해, 더 착해지기 위해 노력했다. 대부분 나 자신과의 관계는 신경 쓰지 않고 다른 사람과의 관계에 의지하면서 말이다. 작년 여름 마흔이 되었을 때, 비로소 나는 깨달았다. '더 이상 안 돼!' 이제 더는 나를 더 나은 사람으로 만들려는 끝없는 노력에 묻혀 살지 않을 것이다. 그것은 더 이상 다른 사람들과 관계를 맺지 않는다거나 그들을 소중히 여기지 않는다는 말이 아니다. 다른 사람과의 관계에서 나 자신을 중심에 두겠다는 뜻이다. 이제 나 자신과 나와 관련된 것들을 먼저 생각하겠다. 이제는 내가 먼저다. 그것이 얼마나 다행스러운 일인지 모른다."

- 플로렌스 포크의 『미술관에는 왜 혼자인 여자가 많을까』에서

그러나 사실 나이는 중요하지는 않다. 그보다 더 중요한 사실은 자신의 욕망에 귀 기울이기 시작하는 것, 그것이 핵심이다.

그렇다. 무엇보다 소중한 것은 바로 '나 자신'이다.

지금도 늦지 않았다. 자기 자신과 열렬한 연애를 해보자. 자기 자신과 늦바람 한번 나보자.

그동안 아이들과 남편 뒷바라지하느라 못해 본 연애를 멋들어지게 해보자.

공부하고 싶다면 지금이라도 공부하자. 그림을 그리고 싶다면, 글을 쓰고 싶다면, 봉사를 하고 싶다면, 자기 방을 가지고 싶다면, 망설이지 말고 지금 당장 행동으로 옮겨보자.

예전에 연애할 때를 생각해 보라. 첫 키스 할 때를 떠올려보라.

삶이 지루한 것은 설렘이 없기 때문이다.

만약 당신이 어떤 사람을 만날 때 가슴이 설렌다면 그와 연애를 하고 있는 것이다.

어떤 일을 할 때 가슴이 설렌다면 당신은 일과 연애를 하는 것이다.

공부할 때 가슴이 설렌다면 당신은 배움과 연애를 하는 것이다.

책을 읽을 때도 마찬가지다.

무엇을 하든 이처럼 가슴 설레는 것, 그것이 바로 연애 감정이다.

그리고 이런 연애 감정을 품으며 하게 되는 모든 여정은 기쁨과 행복, 즐거움으로 빛날 것이다.

나는 소중한 존재다

여자라면, 특히 중년의 여자라면 누구나 한번쯤 운명적인 사랑을 꿈꿔봤을 것이다.

여성학자 박혜란은 『여자와 남자』라는 책에서 소설 『메디슨 카운티의 다리』가 중년 주부들의 마음속 욕구를 완벽하게 대리 충족시켜 줄 수 있었던 이유에 대해 다음과 같이 설명하고 있다.

배경이나 국적은 다르지만 한국의 중년 주부들은 프란체스카의 모습에서 자신을 보았다. 둘은 판박이였다. 우선, 프란체스카는 안정된 생활을 보장받기 위해서 결혼을 했으며 그 대가는 자아상실과 권태감이었다.

둘째, 프란체스카의 자아는 완전히 상실된 것이 아니라 다만 뛰

처나올 계기를 찾지 못하고 있었을 뿐이다.

셋째, 프란체스카는 남편이 아닌 남자를 통해서 자신의 자아를 되찾았다. 그 남자는 모든 면에서 남편과는 달랐다.

넷째, 프란체스카는 사랑을 위해서 가정을 버릴 만큼 비현실적이지 않았다.

이 네 가지 중에서 가장 강력하게 주부들을 끌어들인 요소는 바로 네 번째였다.

만약 프란체스카가 가정을 버리고 사랑하는 남자를 따라가는 쪽으로 소설이 마무리됐다면 우리 주부들은 실소를 터뜨리며 이렇게 비웃었을 것이다.

'이 바보야, 고생문이 훤히 열렸다, 훤히.'

현실을 떠나지 않으면서 현실을 견뎌내는 방법으로 주부들에게 제시된 환상적인 묘책, 그것이 바로 프란체스카식 사랑이었다.

우리 세대는 부부 사이에 긴밀한 정서적 유대나 친밀감을 쌓을 여유를 갖지 못했다. 때문에 결혼생활에 별 문제는 없지만 부부간에 서로 다정하게 대화를 나누는 사이는 되지 못했다. 따라서 답답한 일상에서 벗어날 수 있는 탈출구로써 프란체스카식 사랑을 꿈꾸는 것은 어쩌면 지극히 자연스러운 일일 수도 있다.

꿈이 현실이 될까 걱정할 것도 없다. 유교적 교육을 받은 마지막 세대이므로 실제로 일탈을 감행할 배짱은 없으니까. 아내가 소설을 읽으며 대리만족을 얻는 것까지 참을 수 없는 남편이라면 한마디로 구제불능이다.

다만 내가 그 소설에서 불만스러운 것은, '여자를 구원하는 건 왜 꼭 남자여야 하는가' 라는 점이다. 궁핍한 환경에서 탈출시켜 안락한 생활을 보장해 주는 이도 남자이고, 잃어버린 자아를 찾도록 도와주는 이도 남자이다. 여자는 자신을 위해서 도대체 무엇을 할 수 있는가.

진지하게 남녀평등에 대해 생각한다면, 남녀가 서로 도우며 살아가는 조화로운 사회에서 살고 싶다면, 독립적인 여성만이 남성들과 동등해질 수 있다는 사실을 알아야 한다. 왜냐하면, 다른 사람에게 의존하지 않는 사람만이 자유롭게 사고할 수 있고, 누구와 함께, 어떤 방법으로, 무엇을 할 것인가를 결정할 수 있기 때문이다.

남자들에게 권리를 나눠주지 않는다고 불평하기 이전에 당신의 권리를 당당히 요구하라. 그리고 여성은 일을 안 해도 되지만 남자는 반드시 일을 해야만 한다는 사고도 버려야 한다. 일은 철저히 자신을 위해서 필요한 것이기 때문이다.

그렇다면 '나'는 누구인가?

나의 욕구강도는 어느 정도인지 개인 프로파일을 작성해 보자

여자 나이 마흔. 남편의 사랑도 시들해지고 아이들은 아침에 나가면 밤 12시나 되어야 들어온다. 그때 불현듯 '나는 뭔가?' 라는 생각에 사로잡혀 견딜 수 없는 나이, 직업을 갖고 있으면 그나마 괜찮으련만 가정만 지키고 있던 주부라견 자신의 정체성을 찾기 위해 몸부림치는 나이가 아닌가 싶다. 밀려드는 허전함과 공허함에 괴로우면서도 남들에게는 행복한 척, 아므 문제없는 척 연극도 잘하는 나이다.

우리나라에서 중년의 여성들이 설 자리는 많지 않다. 세상이, 가족이, 주변의 상황이 그녀들을 가만 놔두질 않는다. 아니 그녀들 스스로 자신이 설 자리가 어딘지 모르고 있다.

사람은 누구나 마음속 깊은 곳에서 우러나오는 욕구를 지니고 있다. 그리고 의식적이든 무의식적이든 그 욕구를 충족시키려는 경향이 있다. 이 기본적인 욕구를 잘 이해하면 나나 다른 사람들이 어떤 행동을 할 때 왜 그런 행동을 하는지 원인을 알 수 있다. 내 이름과 정체성을 찾기 위해서는 가장 먼저 나 자신부터 제대로 알아야 한다는 뜻이다.

나 자신의 욕구강도 프로파일을 작성해 보자

앞에서 말했듯이 사람이라면 누구나 무엇인가를 바라는 마음이 있기 마련이다. 우리는 그것을 '욕구'라 일컫는다. 욕구에는 식욕, 수면욕처럼 생존에 반드시 필요한 것이 있는가 하면, 사랑받고 싶은 욕구, 아름다워지고 싶은 욕구처럼 생존과는 직접적으로 관련이 없는 것도 있다.

욕구는 중요하다. 어떤 행동을 하는 원인이기 때문이다. 그런데 문제는 많은 사람들이 자신의 진정한 욕구가 무엇인지 잘 모르고 있다는 데 있다.

미국의 정신과 의사 윌리엄 글라서는 자신의 진정한 욕구를 인식하는 방법인 '현실요법'을 창안했다. 이 이론은 '사람의 현실적인 행동은 자신의 욕구를 충족시키기 위해 선택한 결과'라는 '선택이론'에 바탕을 두고 있다.

예를 들어 "우리 아이가 나쁜 친구를 사귀어서 못된 짓을 하게 됐어요."라는 말을 글라서는 받아들이지 않는다. 그 사람이 못된 짓을 한 것은 어디까지나 그 사람이 선택한 결과, 즉 나쁜 친구를 선택했기 때문이라는 것이다.

글라서는 인간의 기본 욕구를 다섯 가지로 분류했다.

첫째는 생존의 욕구survival need이다. 이는 살고자 하는 욕구 및 생식을 통한 자기 확장의 욕구라고 할 수 있다.

생존욕구가 높은가, 낮은가 하는 것은 건강에 집착하는 정도와 돈에 대한 자세를 보면 알 수 있다. 예를 들어 몸에 좋다면 혐오식품도 마다하지 않는 사람이나 미래를 위한다는 명목으로 돈을 무지 아끼는 사람은 생존욕구가 높은 사람이고, 목숨을 걸고 암벽등반을 즐기는 사람이나 인생은 아등바등 살 필요가 없다면서 돈을 팍팍 쓰는 사람은 생존욕구가 낮은 사람이다.

둘째는 사랑과 소속의 욕구belonging need이다. 이는 태어나면서부터 사랑하고, 마음을 나누고 협력하며 살고자 하는 인간의 본능이라고 할 수 있다. 이 욕망을 해결하기 위해 우리는 결혼을 하고, 직장생활을 하려 한다. 소속감을 가지고 싶어 하는 성향이 있기 때문이다.

셋째는 힘의 욕구power need이다. 이는 다른 사람과 경쟁하고 목표한 것을 이루어서 자신을 중요한 존재로 느끼려는 욕구로 권력욕이라고 할 수 있다.

넷째는 자유의 욕구freedom need이다. 이는 뭔가를 선택할 때 자기 마음대로 하고 싶어 하며, 구속받기 싫어하는 속성이다. 자유욕구가 큰 사람은 무엇이든 자기가 결정해야 속이 풀린다. 반면에 자유욕구가 낮은 사람은 결정권이 주어졌을 때 당황하곤 한다.
자유욕구가 높은 사람은 결혼을 하지 못하는 경우가 많은데 특히 우리나라에서는 여자가 자유욕구가 높으면 살아가는 것 자체가 고달프다.

다섯째는 즐거움의 욕구fun need이다. 이는 새로운 것에 대해 알고, 그것을 통해 즐기려는 욕구이다. 예를 들어 책을 읽고 모르는 사실을 알았다는 것에 뿌듯해하는 사람, 스킨스쿠버나 요트를 즐기는 사람들은 즐거움의 욕구가 높다고 할 수 있다. 그런 사람들은 놀이를 즐기고, 호기심을 해결하려다 몸을 다치기도 한다.

위의 다섯 가지 욕구를 가지고 당신의 욕구강도는 어느 정도인지 개인 프로파일을 작성해 보자.

물론 욕구강도는 개인마다 다르며, 서로 다른 욕구강도는 사람들 사이에서 갈등을 일으키는 원인이 되기도 한다. 따라서 자신의 욕구강도와 상대의 욕구강도를 측정·비교해 볼 수 있다면 자신과 상대의 행동을 좀 더 이해할 수 있을 것이고, 상대와의 갈등을 풀 수도 있을 것이다.

나의 욕구강도 알아보기

1~5로 표시: 1은 낮다, 5는 높다를 의미

1 생존의 욕구 ( )

2 사랑과 소속의 욕구 ( )

3 힘의 욕구 ( )

4 자유의 욕구 ( )

5 즐거움의 욕구 ( )

실례) 이숙영의 욕구강도 프로파일

1 생존의 욕구 (2)

2 사랑과 소속의 욕구 (3)

3 힘의 욕구 (5)

4 자유의 욕구 (5)

5 즐거움의 욕구 (4)

내 안에 숨어 있는 **재주를 밝혀라**

인생에 있어 가장 중요한 일은 나 자신을 아는 것이 다

사람에게 가장 중요한 것은 내가 무엇을 알아야 하는가가 중요한 것이 아니라, 내가 무엇을 해야 하는가를 뚜렷하게 정립하는 것이다. 인생에 있어 가장 중요한 일은 나 자신을 아는 것이며, 세상이 내가 어떤 일을 하기를 진정으로 바라는지를 아는 것이다. 그리고 내가 무엇을 위하여 살고 무엇을 위하여 죽어야 하는지를 정확하게 아는 것이다.

- 키르케고르

1. 나는 어떤 일을 처리할 떠 순차적으로 해야 직성이 풀린다. 이 일 했다, 저 일 했다 하질 못한다. 천성이다. 게다가 한 가지를 붙들면 끝장을 봐야 한다. 물귀신 같은 사람인지라 무엇을 하기로 결

정했으면 끈질기게 물고 늘어진다. 어떤 일에 필 꽂히면 그 일만 한다. 이런 성격 탓에 학창 시절엔 시험공부를 요령껏 하지 못했다.

2. 나는 동기부여를 받지 않은 일에는 도무지 관심이 없다. 주위에선 이런 나를 보고 관심 있는 일에만 매달리는 이기적이고 편협한 사람이라고 말한다.

3. 나는 누군가가 나에게 무엇인가를 강요하거나 주입하려 하면 본능적으로 반발한다. 게다가 창의적인 일이 아니면 곧잘 싫증을 낸다. 주위에선 이런 나를 보고 독선적이라거나 괴팍하다고 말하기도 한다.

4. 나는 과학이나 수학보다는 사람을 다루는 인문학에 관심이 많다. 숫자에는 관심이 없지만, 철학이나 지혜를 주는 통찰의 지식에는 관심이 많다. 하지만 사람들은 그런 나를 보고 외골수라고 말한다.

5. 나는 야행성인 데다 시간에 대해 고정된 개념이 없다. 때문에 한밤중에 일어나 일을 하거나 글을 쓰기도 하고, 마음이 통하는 사람과는 오랜 시간 전화 통화를 하기도 한다. 실제로 어떤 사람과

9시간 넘게 통화를 해본 적도 있다.

6. 나는 작은 벌레 한 마리도 못 죽이는 겁 많은 사람이다. 하지만 하고 싶은 일이 생기면 굉장한 대담성을 보인다.

7. 나는 마음이 동하면 내일이 없는 사람처럼 행동하지만 마음이 동하지 않으면 좌불안석이 된다. 억지로 견디기는 해도 얼굴이 말을 듣질 않는다. 표정 관리가 잘 안 되서 상대에게 미안해질 때가 한두 번이 아니다.

8. 나는 세일즈를 잘 못 한다. 예전에 잠시 물건을 팔았던 적이 있었는데, 결과는 너무나도 비참했다. 한동안 직장생활을 한 적도 있었는데 그때 나에게는 즐거움보다는 괴로움이 더 많았다. 일보다는 사람들과 관계를 맺는 것이 더 어려웠다.

9. 나는 누군가의 환심을 사려고 억지로 하는 행동, 즉 가식적인 행동을 잘 못 한다. 반면에 누군가에게 마음이 가면 그것 또한 잘 숨기지 못한다.

10. 나는 세상의 틀에 맞춰 살기보다는 내가 만들어놓은 틀

에 맞추어 산다. 내가 있기에 세상도 존재한다고 여긴다. 그래서 때로는 주위 사람들을 불편하게 만들기도 한다.

나 자신에 대해 생각나는 대로 나열을 해보았다. 다행히도 지금 내가 하고 있는 일, 강연을 하고 글을 쓰는 일이 내 성격과 아주 잘 맞는다. 만약 이 일을 만나지 못했다면, 나는 주위 사람들에게 불편한 짐 덩어리가 됐을 것이다. 아무 쓸모없는 폐인이 되었을지도 모른다. 굼벵이도 구르는 재주가 있다더니 나에게 이런 재주가 있다는 것이 신기하다.

세상을 얻는다는 것은 물질이 아니라 사람의 마음을 얻는 것이다. 세상에는 할 일이 너무나 많다. 사랑할 사람도 너무 많다. 우리가 모든 일을 다 하고 살 수 없듯, 모든 사람을 다 사랑하고 살 수는 없다. 더 정확하게 말하면 모든 사람을 포용할 그릇이 되지 못하는 자신의 한계를 인정해야 한다는 것이다.

능력 밖에 있는 일을 한꺼번에 하게 되면 결국 모두 실패할 확률이 크다. 그 후에는 좌절감만 생길 것이다. 때문에 자신의 한계를 아는 일은 매우 중요하다. 일을 할 때는 자신의 능력 안에서 하나씩 순차적으로 해나가야 한다. 그래야 좋은 결과를 얻을 수 있다. 그래야 자신감도 생기고 더 많은 일을 성취할 수 있다.

당신에게는 어떤 재주가 있는가?

지금 당장 노트를 펼치고 내 자신의 성격이나 취미 등등에 대해 생각나는 대로 한 줄 한 줄 적어 내려가 보자. 그러다 보면 당신 안에 숨어 있는 재주가 어떤 것인지 알아낼 수 있을 것이다.

나를 찾는 길:
창조는 문제인식에서 출발한다

창조는 특정한 사람이 아닌 누구나 할 수 있는 작업이다

'창조' 란 무엇인가? 무에서 유를 만들어내는 것인가? 특별한 사람만이 할 수 있는 일이 창조인가?

만약 위의 질문에 대한 답이 'Yes' 라면 나는 지금 이 글을 쓰고 있지 못할 것이다. 왜냐하면 나는 무에서 유를 만들어내지도 못했고, 특별한 사람도 아니기 때문이다. 단지 문제를 찾아내고, 그 문제를 해결하기 위해 끊임없이 고민하고 노력해 왔을 뿐이다.

창조란 문제를 스스로 찾아내서 해결해 나가는 과정을 통해 이루어진다. 따라서 문제를 감지하는 '문제인식' 이야말로 창조의 출

발점이라고 할 수 있다.

문제가 없다면 창조도 있을 수 없다. 문제가 있어야 그것을 해결할 창의적인 방법을 생각해 낼 수 있기 때문이다. 즉 문제를 해결하기 위해 이리저리 머리를 굴리는 과정에서 창의력이 발휘된다.

셰익스피어가 희곡을 쓰고, 베토벤이 교향곡을 작곡하고, 한비야가 긴급구호 일을 하게 된 계기는 무엇일까.

그것은 바로 자신의 내면에서 적절한 문제의식을 찾아냈기 때문이다. 아인슈타인이 상대성 이론을 발견한 것도 마찬가지다. 학문에 대한, 지식 탐구에 대한 열망이 있었기에 문제를 찾아낼 수 있었고, 그 문제를 풀어내기 위해 끊임없이 노력한 결과 상대성 이론을 발견할 수 있었던 것이다.

나는 이제야 알 것 같다. 창조에 성공한 사람들의 그 처절한 싸움의 승리가 어디에서 왔는지.

그들의 성공비결은 매일 같은 일을 한다는 데 있다. 그것도 철저히 규칙적으로 하기에 어느 순간 그것이 제2의 천성이 된다. 그들은 어느 날 번뜩 떠오른 영감만으로 성공한 것이 아니다. 번뜩이는 영감만큼이나 중요한 것은 '매일 반복하는 규칙적인 작업'이다.

이런 규칙적인 작업은 누구나 할 수 있다. 따라서 창조는 특정한 사람이 아닌 누구나 할 수 있는 작업이다.

모차르트를 예로 들어보자. 그에게 가장 큰 행운이라면 작곡가이자 바이올린의 대가로 건반악기를 능숙하게 다룰 수 있었던 아버지 밑에서 태어나 자신의 재능을 일찍 발견할 수 있었다는 점이다. 하지만 그것만으로는 대가가 될 수 없다. 모차르트는 누구보다 열심히 노력했고, 스물여덟 살이 되었을 때 그의 손은 기형이 됐다. 너무 오랜 시간 연습과 연주를 하고, 작곡을 위해 늘 펜을 쥐고 있었기 때문이다.

모차르트가 친구에게 보낸 편지를 보자.

사람들은 내가 쉽게 작곡한다고 생각하지만 그건 아니라네. 단언컨대 친구여, 나만큼 작곡에 많은 시간과 생각을 바치는 사람은 없을걸세. 유명한 작곡가의 음악 치고 내가 수십 번에 걸쳐 꼼꼼하게 연구하지 않은 작품은 하나도 없으니 말이야.

그가 얼마나 많은 노력을 기울였는지, 그의 집중력이 얼마나 지독했는지 잘 보여주는 구절이 아닐 수 없다.

다중지능이론의 창시자인 하워드 가드너는 자신의 저서 『열정과 기질』에서 '창조성이란 무엇인가?'라는 질문을 '창조성이란 어디에 있는가?'로 바꿔 묻고 이에 대해 대답하고자 한다.

그는 '개인Individual-일The work-타인Other person'이라는 창조성 소재 모형을 제시한다. 이 모형에 따르면 개인은 자신의 내부에 어떤 특정한 분야에서 대가master가 될 만한 소질을 싹으로 가지고 태어나는데, 이것만으로는 창조성이 발휘되는 성인으로 성장해 가지 못한다고 한다. 따라서 우선 그러한 소질을 심화하고 강화시킬 수 있는 적절한 일을 체험할 수 있는 기회교육, 훈련 등를 필수적으로 가져야 하며, 이러한 체험의 과정에서 타인가족, 친구, 경쟁자, 후원자 등으로부터 격려와 지원을 받을 수 있는 의미 있는 인간관계를 형성해야 한다고 한다.

예컨대 피카소의 경우, 네 살부터 피어난 그의 그림 재능개인은 아버지에게 감지되어 열네 살에서 스무 살까지 좋은 미술학교에 다니면서 심화되고 단련되었으며일의 체험기회, 무수한 지지자와 경쟁자, 후원자를 통해서타인 온전한 창조성이 발휘되었다고 할 수 있다.

『열정과 기질』을 감역한 전 교육부장관 문용린 서울대 교수는 피카소를 우리나라의 장승업과 비교해서 설명한다. 장승업 역시 대단한 소질을 지니고 있었지만, 그 재능을 심화하고 강화시킬 기회가 없었으며 일의 체험기회, 그를 지지하고 격려해 줄 후원자는 기껏해야 가난하고 어린 기생들 타인뿐이었다. 그러니 장승업은 그만한 소질을 타고났음에도 불구하고 피카소만 한 창조적 대가가 되지 못했던 것이다.

다시 말해 한 분야에서 창조적 인간으로 성장하기 위해서는 먼저 내가 어떤 분야에 창조성이 있는지 알아내어 계발할 수 있어야 하고, 둘째 지속적으로 그 분야에서 창조성을 발휘하고 키워갈 수 있는 (직업으로서의) 현장을 만나야 하며, 셋째 내가 도약할 수 있도록 도와주고 지원해 주는 사람이 필요하다는 것이다.

그렇다면 나의 경우 어떻게 자기창조의 과정을 거쳤을까?

나의 20대는 우울했다. 나 자신에 대해서는 아무것도 모른 채 겉으로 좋아 보이는 것만을 좇는 인생을 살았다.

30대의 삶은 무미건조했고 삶에 대한 회의로 고통스러웠다. 그 당시 나에게 있어서 행복이란 단어는 사치 그 자체였다. 빈껍데기로 살아가는 하루하루가 미치도록 싫었다. 그래서 매일같이 책을 읽으며 나를 들여다보기 시작했다. 5년 동안 단 하루도 빠지지 않고 자기계발서와 성공학, 정신분석, 심리학, 경영학 관련 책들을 닥치는 대로 읽었다. 어느 날은 밥을 먹지도 않고 책만 읽었다. 그러자 숨통이 트였고, 앞으로 해야 할 일과 하고 싶은 일이 보였다.

그때 내 나이 39세였다. 그 후 나의 삶은 다시 시작됐다. 내가 지금 이 자리까지 올라올 수 있었던 것은 몇 년간 무섭게 나 자신에게 집중한 결과이며, 가슴이 이끄는 대로 내 꿈과 열정에 솔직한 삶을 산 보상이다.

나는 글 쓰고 강연하는 활동을 즐긴다. 하지만 이 일을 하면서 알게 된 사실은 '고독은 창조를 하기 위해서는 피할 수 없는 부분' 이라는 것이다. 외로운 만큼 내면에서 무언가가 나오게 된다는 것을 깨달았고, 이를 통해 생긴 자립심은 행복한 부산물이 됐다.

사람은 쉽게 바꾸지 않는다. 변화는 자신의 삶에서 진정 중요한 것이 무엇인지 깨닫는 순간 찾아온다. 그 후로는 더 이상 예전처럼 살 수 없게 된다.

우리는 지금 자신이 하고 있는 일에 특별한 의미가 있다고 생각해야 한다. 사람은 밥을 먹지 않고는 어느 정도 견딜 수 있지만, 의미 없이는 살아갈 수 없는 존재이기 때문이다.

혹시 당신은 지난해에 하던 고민을 오늘도 똑같이 하고 있지는

않은가?,

늘 제자리에 있는 자신에게 화가 나지는 않는가?

그런 당신에게 나는 외친다.

"하고 싶은 일이 있다면, 그 일을 위해 시간과 돈을 투자하라. 우선순위에 그 일을 두어라. 그 일을 중심으로 모든 계획을 짜고, 집중하라. 우리의 뇌는 하찮다고 생각하는 일은 저장하지 않는 반면에 어떤 일에 집중할 때는 그 일과 관련된 것에만 관심을 두고 그 일과 관련된 데이터만 저장한다는 사실을 기억하라!"

꿈을 찾아가는 여행은 즐겁다

꿈이 있는 아내는, 꿈이 있는 엄마는 지치지 않는다

어느 날 한 여자가 상담사를 찾아왔다. 찾아온 이유는 우울증 때문이라고 했다.

우울증이 시작된 것은 아이가 중학교에 들어간 후부터였다. 대학에서 미술을 전공한 그녀는 건설회사에 다니는 남편을 만나서 결혼을 했다. 그 후 아이를 낳아 키우는 일에 최선을 다한 그녀는 자신의 삶이 만족스러웠고, 행복해했다.

그러나 사춘기의 아이는 엄마의 지나친 관심과 사랑이 귀찮고 부담스러워 반항을 하기 시작했다. 마침내 그녀는 아이의 거친 태도와 침묵에 상처를 받았다. 매일같이 술에 찌들어 밤늦게 들어오는 남편은 집에 들어오자마자 곯아떨어지기 일쑤였다. 때문에 그녀는 대화를 나눌 상대가 없었고, 그 어디에서도 위안을 받을 수 없었다.

여자는 자신이 전업주부여서 남편과 아들이 자신을 무시한다는 생각을 하게 됐고, 그때부터 이곳저곳 몸이 아프기 시작했다. 그 후 집안일은 고사하고 밖에 나가는 것조차 귀찮아지면서 삶이 점점 무기력해져 갔다.

여자의 이야기를 듣던 상담사는 그녀에게 꿈이 무엇이냐고 물었다. 그러자 여자는 아무 대답도 하지 않고 웃기만 했다.

상담사는 잠시 여자를 쳐다보다 자신의 꿈에 대해 이야기하기 시작했다. 그녀가 다시 꿈을 꿀 수 있도록 유도한 것이다. 상담사의 이야기를 듣던 여자의 눈이 어느 순간 반짝거렸다. 여자가 한마디 했다.

"전 커피 향을 좋아해서 아주 예쁜 커피숍을 차리고 싶었어요. 그게 바로 제 꿈이에요."

상담사는 그새를 놓칠세라 스쳐 지나갔던 꿈과 아직도 꾸고 있는 꿈에 대해 더욱 장황하게 늘어놓았다. 그러자 그녀의 목소리가 높아졌다.

"제가 미술을 전공했잖아요. 커피숍 안은 제가 그린 그림들로 채울 거예요."

여자는 미대를 졸업하고 멋진 갤러리에 자신의 그림을 전시하고 싶었는데 그 꿈을 이루지 못하고 결혼했다는 이야기를 할 때는 한숨을 쉬기도 했다. 수채화보다는 투박한 유화가 좋다며 덧칠할수록 새로워지는 유화로 가족의 모습을 그리고 싶다고도 했다. 그러면서 물었다.

"내 작품을 걸어놓은 커피 향 그윽한 카페에서 내가 아이들에게 그림을 가르치는 동안 엄마들은 편안하게 책을 읽을 수 있는 공간을 만들면 어떨까요?"

그녀에게도 꿈이 있었던 것이다.

대부분의 여성들은 남편과 아이들 뒷바라지에 온 에너지를 쏟다가 결국은 그들로부터 상처를 받는다. 그러면서 점점 무기력해지고, 우울증을 앓게 된다. 하지만 엄밀히 말해 그 상처와 우울증은 타인으로 인해 생긴 것이라기보다는 자기 자신이 만들어낸 것이다. 자신의 꿈을 생각할 겨를도, 새로운 시도조차 해보지 않았던 자신이 문제였던 것이다.

엄마와 아내는 가족을 위해 자신을 희생하는 존재가 아니다. 감정이 있고 생각이 있는 하나의 인격체이다. 그래도 당신에겐 아직 희망이 있다. 우울증을 단번에 물리칠 수 있는 방법이 있다. 그것은 바로 어느 순간 '잃어버린 나의 꿈'을 찾는 것이다. 그 작업을 지금

부터 해보자.

　아직 늦지 않았다. 돈을 많이 버는 일이 아니어도 괜찮다. 그저 내가 하고 싶었던 일, 하면 즐거웠던 그 일을 해보자. 서두르지 말고 차근차근 해나가다 보면 길이 보일 것이다. 내 삶을 어떻게 이끌어나가야 할지, 무엇을 해야 할지 알게 될 것이다.

　꿈이 있는 아내는, 꿈이 있는 엄마는 지치지 않는다. 우울증에 걸리지도 않는다.

　시작하라. 우리에겐 살아온 날보다 살아갈 날이 더 많이 남아 있음을 기억하라. 이보다 더 좋은 조건은 없을 것이다.

　다음의 사례를 읽고 '잃어버린 나의 꿈'을 찾아 나서보자. 그것은 참으로 즐거운 여행이 될 것이다.

내 인생의 주인공은 바로 나

황민정 36세. 현 프뢰벨교육원 재직.
2008년 신입교사상, 2009년 3% 모범교사상 수상

문제는 나 자신에게 있었다

"여자가 너무 나서면 보기 안 좋아."

"여자들에겐 자상한 남자 만나서 아이 낳고 사는 게 행복이야.
아이가 크면 그때 취미생활을 시작해도 늦지 않아."

나는 어렸을 때 부모님에게 이런 말들을 귀에 못이 박힐 정도로
들었다. 그리고 그렇게 살고자 노력했던 적도 있었던 것 같다. 아마
도 내겐 세상의 틀을 깨어가면서까지 모험을 할 용기가 없었는지도
모른다.

나보다 먼저 세상을 경험한 부모님이 나에게 편하게 살 수 있는
길을 알려주고자 했을 이런 말들은 어느새 내 머릿속에 젖어들어

하나의 '가치관'이 되어버렸다.

나는 부모님 말씀대로 자상한 남자를 만나 결혼을 했고, 아이를 낳았고, 남편에게는 내조 잘하는 아내로, 아이들에게는 훌륭한 엄마로, 시부모님과 부모님에게는 좋은 며느리, 좋은 딸로 살려고 노력했다. 그러나 내 삶에서 보람을 얻기보다는 남편과 아이 뒷바라지와 해도해도 끝이 없는 집안일에 지쳐가기 시작했다. 허무했고, 외로웠다. 하지만 나는 그 이유를 알 수 없었다.

'나를 사랑하는 남편도 있고 귀여운 자식도 둘이나 있지 않은가? 친정 식구, 시댁 식구들도 나에게 잘해 주는데, 내가 안전한 가정을 꾸릴 수 있도록 도와주는데 왜 난 갈수록 더 외로워지는 것일까?'

나는 수도 없이 나에게 질문을 던졌다.

'내가 사랑하는 가족이 아무도 날 귀하게 여기지 않아서일까? 내가 남편과 아이들에게는 꼭 필요한 사람인 것만은 분명한 사실이다. 그런데, 그런 나를 그들이 외롭게 만든다고 하소연 한번 하지 못하고 살아서일까?'

나는 나와 같은 고민을 안고 살아가는 사람도 있을 거라는 생각에 결혼한 친구나 결혼해서 알게 된 주위 엄마들에게 말을 걸어본 적이 있다. 그들의 고민을 들으면 내 고민을 해결할 열쇠를 얻을 수 있을지도 모른다고 판단했던 것이다.

　내가 고민 없냐고 묻자 여러 주부들이 내게 아이 교육에 대한 고민, 출산 후 늘어난 살에 대한 고민, 나이 들어가면서 생기는 주름에 대한 고민을 털어놓았다. 남편의 외도로 고민하는 친구도 몇 명 있었다. 놀랍게도 그것은 나 자신이 아니라 타인으로 인한 고민이었다. 자신을 중심으로 생각하는 주부는 단 한 명도 없었다.

　그들 역시 나처럼 남편과 아이들이 더 나은 삶을 살 수 있도록 가족을 변화시키려 하고 있었다. 그들의 이야기를 들으며 내가 점점 더 외로워지는 이유는 나에게 없는 부분을 타인을 통해 채우려 하기 때문이라는 것을 알 수 있었다.

　나는 아무리 노력해도 남편과 아이들을 변화시킬 수 없었다. 그들은 결코 나로 인해 변하지 않았다. 스스로 변해야겠다고 느낄 때만 변화를 시도했다. 그들이 더 나은 삶을 살면 나도 더 나은 삶을 살 수 있다는 생각은 잘못된 것이었다.

　나는 비로소 내 자신을 똑바로 볼 수 있었다. 가족들을 변화시키려고만 했지 정작 스스로는 변할 생각조차 하지 않고 있는 사람이 바로 나였다.

문제는 나 자신에게 있음을 인정하자 외로움과 허무함이 생긴 이유도 알게 되었다.

나에게는 남편이 얼마나 오래 회사를 다닐 수 있을까, 내일이라도 정리 해고를 당하는 것은 아닐까 하는 두려움이 있었다. 남편에게만 기대지 않고 나 스스로 노력해서 가정에 경제적으로 도움을 주는 싶은 마음도 있었다.

나는 남편과 대등해지려면, 서로 의지할 수 있는 관계가 형성되려면 나 또한 직업을 가져야 한다고 생각했다. 그래야 나 자신도 외로움과 허무함에서 벗어나 건강해질 수 있고, 부부관계도 더욱 단단해질 수 있었다.

나는 그때부터 내가 잘할 수 있는 분야를 찾기 시작했다. 결혼하면서 잃어버린 나와 내 꿈을 찾는 일을 시작한 것이다. 하지만 결혼 13년차의 전업주부가 직업을 갖는다는 것은 결코 쉬운 일이 아니었다. 남편과 친정, 시댁 식구들 모두 결혼하기 전에 잠깐 회사에 다녔던 사람이 이제 와서 무슨 일을 하겠다는 거냐며 말렸다. 물론 나도 두려웠다. 어떤 한 분야에 대해 전문적인 지식과 경험을 갖고 있지 못했기 때문이다.

이런 나를 받아줄 회사가 과연 있을까?

한편으로는 남편과 아직 엄마 손길이 필요한 아이도 걱정되었다. 하지만 내 자신을 찾기 위해선 과감해질 필요가 있었다. 내 인생의 주인공은 남편도, 아이도, 그 누구도 아닌 바로 나 자신이었다.

조심스럽게, 그러나 당당하게

나 자신을 찾아야겠다고 결심한 나는 끊임없이 고민했다.

'과연 무슨 일을 해야 앞으로 재미있고 보람 있는 삶을 꾸려갈 수 있을까? 요리사나 제빵사 자격증을 따는 것은 어떨까? 일단 마트 같은 곳에서 아르바이트를 하며 적응 기간을 갖는 것도 괜찮은 방법 아닐까?'

그러던 어느 날 우리 아이를 가르치러 온 방문교사가 주부라는 사실을 알았다. 보람과 긍지를 가지고 일하는 선생님의 모습에 나는 신선하고 좋은 느낌을 받았다. 어쩌면 이런 일은 아이를 길러본 경험이 있는 주부가 더 잘할 수 있을 것 같다는 생각이 들었다.

나는 용기를 내어 우리 아이를 가르치는 선생님에게 나도 해보고 싶다는 의사를 밝혔다. 선생님은 기쁜 표정으로 나를 회사에 추천해 주겠다고 했다.

너무 고마웠다. 감춰져 있던 용기가 샘솟고 의욕이 앞섰다. 그러나 누군가의 소개로 들어가는 것이 나를 불편하게 했다. 무슨 일을 하던 다른 사람 도움 없이 혼자 해보고 싶었다.

우리 아이를 가르치던 선생님은 프뢰벨에 몸담고 있던 분은 아니었다. 그럼에도 내가 프뢰벨에 들어가게 된 것은 프뢰벨의 독창적인 교육방법 때문이었다. 아이가 어릴 적에 프뢰벨의 은물수업을 받았던 적이 있었는데 지식주입식 학습법이 아니라 개개인의 강점을 인정하면서 8개의 다중지능을 골고루 길러주는 놀이학습이어서 아주 마음에 들었던 것이다.

나는 어차피 일을 할 거면 내 교육 가치관과 맞는 곳에서 일을 해야 사명의식도, 보람도 클 거라고 생각해 프뢰벨에 들어가기로 마음먹었다.

프뢰벨은 대대적으로 교사모집 광고를 내는 곳이 아니어서 먼저 입사한 선생님들의 소개로 입사하는 경우가 많았다. 그러나 나는 조금 특별한 케이스였다. 나를 회사에 소개할 사람이 아무도 없었기에 나 스스로 이력서를 써서 들고 찾아갔다. 내가 나를 보증한 셈이었다.

나는 사실 낯을 가리는 편은 아니다. 그리고 실수를 두려워하지 않는다. 실수를 통해 배울 것이 있고, 그 경험을 바탕으로 다른 사람을 격려하고 용기도 심어줄 수 있으니 오히려 나중에는 약이 된다고 생각한다. 또한 낯선 분야에 도전한다는 것은 가슴 설레는 일이었다. 호기심 많은 나에게는 꽤나 흥미롭고 신선한 경험이었다.

지금에 와서 생각해 보면 프뢰벨에 입사해서 교육을 받았을 때만큼 행복했던 적은 없는 것 같다. 아침에 일어나서 가야 할 곳이 있다는 것이, 가서 해야 할 일교육받는 것이 있다는 것이 나를 즐겁게 했다.

교육장에서 유쾌한 사람들과 만나는 것도 나에게는 행복이었다. 새벽 5시에 일어나는 것도 행복했다. 집에서 회사까지 2시간 정도 걸리는데 지하철을 타고 다니며 사람 구경하는 것도 재미있었다. 교육을 마치고 집에 돌아오면 저녁 8시였고, 밥 먹고 씻으면 10시를 훌쩍 넘겼지만 다음 날 가야 할 곳이 있다는 사실에 힘이 났다. 마치 다시 태어난 것 같았고, 나에게 새 삶이 주어진 것 같았다. 나에게만 특권이 주어진 듯한, 선택받았다는 느낌에 황홀하기까지 했다.

나에게 일은 행복으로 향하는 문을 열 수 있는 열쇠나 다름없었다. 나는 교육을 받으면서 선배 선생님들은 물론 동료들에게 많은 도움을 받았다. 고맙고 감사했다. 나도 언젠가는 누군가에게 도움을 줄 수 있는 사람이 되고 싶었다.

교육이 진행될수록 나는 점점 더 일찍 교육장에 도착했다. 온전히 나를 위해 사는 그 시간들이 참으로 소중하게 느껴졌다. 교육받는 중간 중간 시험도 치렀고 부장님이 지켜보는 가운데 모의수업도 했다. 시험을 치르거나 모의수업이 있는 전날에는 밤을 새우다시피 공부를 했고, 실전처럼 수업 연습을 했다. 대충대충 하는 것은 체질에 맞지도 않았고, 무엇보다 나 자신에게 실망하고 싶지 않았기 때문이었다.

교육을 받고 나서 처음으로 내가 수업할 아동을 소개받았을 때, 나는 새로운 세계에 한 발 디딘 것처럼 마음이 설레었다. 나는 아이에게 내가 알고 있는 모든 것을 가르쳐주고 싶어서 항상 30분 일찍 갔다. 하지만 아이들이 너무 어려 예상치 못했던 상황이 벌어지곤 했다. 낯을 가려 수업 시간 내내 우는 아이도 있었고, 쿨쿨 잠만 자는 아이도 있었다. 많이 당황스러웠다.

그러나 나는 곧 깨달았다. 아무리 좋은 커리큘럼이라도 아이가 받아들이지 못한다면 아무 소용이 없다는 것을. 아이의 관점에서 생각하고 이해해 주는 힘이 필요하다는 것을. 그런 과정을 통해 내 안에서 나보다는 타인의 입장에서 생각하고 배려하는 힘이 많이 길러졌다.

나는 점차 아이들과 마음을 주고받을 수 있게 되었고, 맑고 깨끗한 아이들의 눈을 바라보며 내가 얻어가는 것이 훨씬 더 많다는 생각에 세상에 대한 고마움이 생겼다.

이런 것이 천직 아닐까. 일을 통해 보람을 얻고, 가정에는 경제적으로 보탬이 되고, 나 자신까지 변화하고 성장할 수 있으니 말이다.

나는 일을 할 때 긴장감을 잃지 않으려고 노력했다. '오늘도 그 집에 가서 아이와 씨름을 해야 하나?'가 아니라 '아이에게 어제 무슨 일이 있었을까? 아이도 즐겁고 나도 즐거운 수업이 되려면 무엇을 어떻게 준비해야 하지?' 하는 생각을 했다. 그런 생각은 나에게 자극을 주었다. 마음이 설레고, 가슴이 두근거렸다.

일을 하다 막히는 부분이 있으면 부장님에게 전화를 걸어 상의했다. 부장님은 늘 친절하게 내 고민을 받아주었다. 나는 그 고마움에 대한 보답으로 부장님 이름으로 재미있게 삼행시를 지어 휴대전화 문자로 보내드리기도 했다.

이런 소소한 일들이 내 생활의 비타민이 되어주었다. 그래도 지칠 때가 있었는데 슬럼프가 왔다고 느껴지면 나는 오히려 '과목이 동_{학업 수준이 올라가면서 수업이 연장되는 것}을 제일 많이 하는 선생님이 돼야지!' '썸머 스페셜_{여름방학 동안 수업을 하나 더 하도록 권하는 것} 때 제일 수업을 많이 하는 선생님이 돼야지!' 하는 다짐을 하곤 했다. 그리고 실제로 그 목표를 달성했다. 회사 측의 강요에 의해서가 아니라 나 스스로 정한 목표라 기쁨은 더욱 컸다. 내 자신이 기특하게 느껴져 칭찬도 많이 해주었다.

돌이켜보면 나는 주도적으로 삶을 살아갈 때 행복을 느끼는 사람인 듯하다. 입사도 그렇고, 일도 그랬다. 오직 내 의지로 만들어가는 작업을 많이 했다. 그러면서 부장님이나 과장님에게 내가 정한 목표를 꼭 밝혔다. 나 혼자만 알고 있으면 의지가 약해질 것 같아서였다.

목표를 달성한다는 것은 기분 좋은 일이다. 돈을 많이 버는 것보다 훨씬 더 뿌듯한 일이다. 그것이 동기부여가 되어 나는 한번 목표를 정하면 반드시 이루려고 열심히 노력했다. 아마도 돈이 목표였다면 그렇게 열정적으로 일하지는 못했을 것이다.

물론 나 역시 남편과 아이들이 마음에 걸렸다. 그러나 어차피 시작한 일 잘해 보고 싶었다. 또한 남편과 아이들이 누구보다 나를 지지하고 응원해 줄 거라는 믿음이 있었기에 더욱더 일에 집중할 수 있었다.

실제로 내가 일을 하면서 나에게만 의지하던 남편과 아이들은 스스로 끼니를 찾아 먹을 줄도 알게 되었다. 큰딸은 내가 지쳐서 돌아오는 날에는 밥을 차려주기까지 했다. 달걀 프라이가 곁들여진 맛있는 밥상이었다.

딸아이의 작은 배려는 내게 용기와 따뜻한 감동을 듬뿍 안겨주었다. 원하는 삶을 찾고 싶어 하는 엄마를 이해해 주고 응원해 주는 딸아이가 기특했고, 대견스러웠다. 지금 당장 원하는 삶을 찾을 수는 없겠지만 일을 해나가다 보면 분명히 눈에 보일 거라고 믿었다.

내가 원하는 삶을 이룰 수 있다는 확신을 갖는다는 것은 매우 중요한 일이다. 그래야 망설이지 않고 앞으로 나갈 수 있으니까.

하지만 나에게도 시행착오는 있었다. 10여 년을 가정주부로 살아왔는데 어쩌면 너무나 당연한 일인지도 모른다.

처음 수업을 마치고 나왔을 때는 정말 내 자신이 미울 정도로 후회가 되었다. 학부형과 아이의 질문에 만족스러운 대답을 해주지 못했던 것이 자꾸 생각나 다른 집에 가서도 수업에 집중하지 못했다.

나는 다음 날부터는 더욱더 준비를 철저히 해서 아이들을 가르쳤다. 그러나 교안대로 꼼꼼히 했는데도 결과는 만족스럽지 않았다. 답답했다.

이유가 뭘까?

나는 곰곰이 생각했다,

수업이 너무 많고, 일정이 빡빡해서일까?

그렇게 며칠이 지난 후에야 나는 깨달았다. 지나치게 수업을 잘하려고 하는 나를 내가 불편해하고 있다는 것을. 그것은 사실 내 스타일이 아니었다. 몸에 맞지 않는 옷을 입은 것처럼 어색한 상태에서 아이들을 가르치려니 집중할 수 없었던 것이다.

집안 분위기가 다르듯 아이들의 성격도 각자 다르다. 나와 잘 맞는 아이가 있는가 하면, 잘 맞지 않는 아이도 있다. 그 부분을 인정하지 못하면 편하게 아이들을 가르칠 수 없다.

그때부터 나는 즐기듯이, 친구에게 하듯이 편하게 아이들을 대했다. 주어진 시간을 아이와 놀이하듯 즐기려고 노력했다. 그러자 아이들도 나를 잘 따라주었고, 수업 결과도 만족스러울 만큼 좋게 나왔다.

연습이란 참 중요한 것이다. 아기는 걸음마를 떼기까지 넘어지고 일어서는 연습을 수없이 한다. 수업도 마찬가지다. 즐겁고 풍성한 수업을 하려면 다양한 경험을 쌓아야 한다.

나는 어제의 경험을 바탕으로 오늘보다는 내일이, 내일보다는 모레가 더 나아지는, 끊임없이 성장하는 사람이 되려고 조심스럽지만 당당하게 내 길을 걸어갔다.

그렇게 1년이 지났다. 당시 프뢰벨교육원에서는 해마다 연말이 되면 시상식을 했었다. 지난 1년 동안 열심히 일한 선생님들을 위로하고 사기를 북돋워주는 의미 있는 시간이다.

그때 나는 '교육원 내에서 가장 긍정적이며 적극적인 활동을 한 선생님' 으로 뽑혀 신입교사상을 탔다. 1000여 명 중에서 50명 정도가 신입교사상을 받았는데 그들 대표로 연단에 서서 수상 소감을 발표하는 영광이 나에게 주어졌다.

대부분의 선생님들이 수업을 나가는 지역을 정할 때 이동 거리가 짧은 곳을 선호했다. 좀 멀리 떨어진 지역의 가정에서 수업을 하고 싶다는 제안이 들어오면 슬그머니 피했다. 이동하는 데 시간을 많이 뺏기기 때문이다. 그러나 나는 달랐다. 어느 지역의 가정에서 제의가 들어오든 기쁘게 받아들였다. 이동 거리가 멀다고 하는 것은 나에게 아무런 문제도 되지 않았다. 으히려 일정한 지역에서 수업을 마치고 좀 멀리 떨어진 곳으로 이동하는 시간을, 내 자신이 되돌아보며 점검할 수 있는 기회라 여기고 즐겼다.

멀리 떨어진 지역에서 수업을 하다 보면 눈이나 비가 올 때 나를 걱정하고 챙겨주는 엄마들의 마음까지 받을 수 있어 더 큰 보람을 느낄 수 있었다. 교육원 측에서는 선생님들이 꺼리는 지역을 선뜻 맡아준 내가 고마웠을 테니 서로 좋은 일이었다.

시상식장에서 사회자의 호명을 받고 연단에 오른 나는 새로 들어온 교사들에게 내가 어떤 마음가짐으로 일에 임했는지 말하기 시작했다.

연단 위로 올라가기 전까지만 해도 무지하게 떨렸다. 그런데 막상 올라가니 사람들도 또렷하게 보이고 생각했던 것만큼 떨리지도 않았다. 사실 나는 나를 예쁘게 봐주신 부장님을 실망시켜드리고 싶지 않아 수상 소감문도 열심히 작성했고, 발표 연습도 열심히 했었다. 덕분에 나름대로 만족감을 느낄 만큼 소감을 잘 말하고 내려왔던 기억이 난다.

사람들 앞에 서서 소감을 말하는 그 순간 나는 마음속 깊이 세상에 대해 감사했다. 세상사람 모두가 내 편에 서서 나를 응원해 주는 것 같아 행복했다. 처음 일을 시작하던 날, 1년 후에 지금처럼 남들에게 박수를 받으리라는 생각은 전혀 하지 못했었다. 내가 누군가에게 귀감이 될 수 있다는 사실이 감격스러웠고, 선택받았다는 기분이 나를 황홀하게 만들었다. 이제야 비로소 내가 재미있어 하는 일, 보람을 느낄 수 있는 일을 찾은 것 같았다. 그리고 분명하게 깨달았다.

‘아, 나는 사람들에게 주목받는 삶을 살고 싶어 했구나! 적극적으로 나를 표현하면서 살고, 남들에게 힘이 되어줄 수 있는 일을 하고 싶어 했구나!’

그 후로는 힘들 때마다 많은 사람들 앞에 서서 당당히 나를 표현했던 그날을 떠올린다. 그러면 달콤한 행복감이 밀려와 나를 미소 짓게 한다.

아직도 모르는 것이 너무 많은 내게, 세상은 호기심 천국과도 같다. 하고 싶은 일도, 해야 할 일도 아직 닳다. 하나하나 목표를 이뤄가면서 더 많은 사람에게 인정받고 싶은 욕심 많은 사람이 바로 나인 것 같다. 나는 느낀다. 내 안에서 꿈틀거리는 뜨거운 열정을.

머릿속의 생각을 실행에 옮기지 않으면 결코 내가 원하는 것을 얻을 수 없다. 다람쥐 쳇바퀴 돌리듯 늘 같은 일상을 되풀이하며 살 수밖에 없다. 새로운 세상을 향해 나아가고 싶다면 먼저 내 자신부터 변해야 한다. 변화는 새로운 세상을 여는 힘인 것이다.

눈을 뜨고 있는 사람에게는 밤이 길다.
지친 몸으로 걷는 사람에게는 10리 길도 멀다.
인생이 짧다고, 길다고, 괴롭다고 하는 것도 같은 이치에서다.

편히 잠든 사람에게는 밤이 길지 않다.
지치지 않은 사람의 다리는 10리가 아니라 100리 길도 멀게 느끼지 않는다.

인생이 짧다고 한탄하는 사람은 대부분 반평생을 헛되이 보낸 사람이다.
문제는 인생이 괴로운가, 즐거운가가 아니라
그 자신이 어떻게 생활했느냐에 있다.
따라서 결국 나를 구원할 수 있는 것은 '나' 자신뿐이다.

대체 나를 구원할 사람이 나 말고 또 누가 있단 말인가?
참을 때 참고, 나갈 때 나가고, 물러설 때 물러서는 등
스스로의 행동을 적절히 조절할 수 있는 힘만이 나의 빛이다.

불행의 원인도 늘 자신에게 있다.
몸이 굽으니 그림자도 굽는 것이다.
그림자 굽은 것을 어찌 한탄할 수 있겠는가?
나 이외에는 누구도 나의 불행을 치료해 주지 못한다.
행복을 만든 것이 내 마음이듯
치료할 수 있는 것도 내 자신뿐이다.

– 파스칼

PART 02

변화를 두려워 마라

갈등하라, 내 삶의 터닝 포인트를 찾아

홀로서기 위해 무엇이라도 하라. 발버둥이 라도 쳐보라

사람들이 흔히 하는 말이 있다.

"더 이상은 이렇게 살고 싶지 않아!"

"더 이상은 견딜 수 없어!"

"내가 살고 싶은 인생을 살아보고 싶어!"

늘 갈등하며 사는 것이 사람이라는 존재다. 갈등을 고통스러워하면서도 바로 그러한 갈등으로 인해 다시 태어나는 존재 또한 인간이다. 확언하건대, 갈등은 더 큰 발전과 성장을 이끄는 에너지원이라고 할 수 있다.

근친 간의 결혼을 금지하게 된 배경은 친척 간에 결혼을 하면 갈등이 없어지기 때문이라고 한다. 아무래도 태어나고 살아온 배경이 같고, 조상이 같으면 서로에 대해 많은 것을 알고 있을 것이고, 이해할 것이고, 그러면 갈등이 없어질 것이다. 그러다 보면 머리를 사용하지 않게 될 것이고, 그런 일이 장기적으로 되풀이되면 정신 능력이 떨어지고 바보가 태어난다는 것이 그 이유라고 한다.

학연, 혈연, 지연을 무조건 나쁘다고만 할 수는 없다. 하지만 그것들에 얽매여 살아간다면 폐쇄적이 될 수밖에 없다. 이와 같은 폐쇄적인 세계에서는 창조적인 사고를 하기 힘들 것이고, 자극을 통한 깨달음도 얻기 힘들 것이다.

나와 같음은 편안함을 이끌어내지만 나와 다름Difference은 창조를 이끌어낸다. 다름을 인정하고 거기서 배우려는 자세가 필요하다.

당신이 어떤 선택을 하든 옳고 그름은 있을 수 없다. 선택이란 자신의 인생관이나 가치관을 바탕으로 한 것이기 때문이다.

불확실성의 시대를 살아가는 우리들에게 필요한 것은 홀로 서는 것이다. 정신적, 경제적으로 혼자 설 수 있는 준비를 해야 한다.

맞벌이부부의 경우 대부분 아이가 생기면 여자가 집에 있는 쪽으로 결정을 내린다. 이는 남자보다는 여자들이 쉽게 가정을 선택하는 경향이 있기 때문에 직장에서 남자들만큼 가치를 인정받지 못한다는 해석이 가능하다. 엄마가 되면 여자는 곧 직업세계에서 발을 빼게 되고, 아이를 키우는 동안 업무 능력이 녹슬어 다시 직장생활에 뛰어드는 것을 겁내게 된다.

능력 있는 남편 덕분에 돈 걱정은 안 하고 육아에만 힘쓰며 살던 여자들은 한참이 지난 후에야 깨닫게 된다. 자신의 결정 때문에 경력을 쌓을 기회를 놓쳤다는 사실을.

여자들이여, 당신들은 쉬워 브이는 길을 택했다가 결국은 더 외로운 인생을 살게 될 수도 있음을 자각할 필요가 있다. 남자들에게 의존하지 말 것이며, 남편의 재산으로만 살아가려고도 하지 말라. 남편에게 기대 사는 여자들은 절대로 홀로 설 수 없다.

홀로서기 위해 무엇이라도 하라. 발버둥이라도 쳐보라. 내 삶의 터닝 포인트를 찾아 수없이 갈등하라.

물론 변화해야 할 이유를 찾기 전에는 변화할 필요성을 느낄 수 없을 것이다. 하지만 내 자신이 원하는 삶을 살 수 없다면 삶에 대해 만족도는 지극히 낮을 수밖에 없다. 만족도가 높은 삶을 살고 싶다면 터닝 포인트를 찾아 변화의 계기를 만들고, 스스로를 다듬는 일을 멈추지 말아야 한다.

변화에 대한 **두려움을 버려라**

알다시피 우리는 모든 것이 빠르게 변하는 시대에 살고 있다. 따라서 변화의 속도에 맞춰 세상을 살아가려면 변화를 두려워해서는 안 된다.

자기계발 전문가인 내 주요 업무 중 하나는 여러 분야의 사람들을 상대로 강연을 하는 것인데, 강연을 할 때마다 느끼는 것이 있다. 많은 사람들이 변화해야만 살아남을 수 있다는 것을 잘 알고 있지만 실제로는 변화를 두려워한다는 것이다. '변화' 앞에서 주눅 들고 길을 찾지 못해 헤매는 사람들이 의외로 많다.

왜 이런 현상이 벌어지는 것일까? 그것은 변화 자체를 너무 높게 보고, 너무 어렵게 생각하기 때문이다. 변화를 '나 자신을 행복으로 이끄는 길'이라고 생각하고 그 길을 즐겁게 걸어간다면 당신의 '변화 여행'은 만족할 만한 결과를 얻을 수 있을 것이다.

이때 염두에 두어야 할 점은 변화에도 '급'이 있다는 것이다. 변화의 시대에 잘 적응하는 것은 초보적인 변화다. 그보다 차원 높은 변화는 스스로를 재창조하는 변화다.

그렇다면 스스로를 재창조할 수 있는 변화의 방법으로는 어떤 것들이 있을까?

첫째, 버리고 채우는 학습을 반복하라.

채우는 학습은 일반적으로 우리가 체험한 방식의 학습으로 모르는 부분을 터득하는 것이다. 유치원에서부터 대학교, 심지어 직장에 들어가서까지 우리는 채우는 학습을 계속하고 있다.

반면에 버리는 학습은 이미 체득한 무언가를 폐기하는 것이다. 마치 쓸모없는 집안의 물건들을 버리고 정리하는 것처럼 내가 가지고 있는 생각과 행동을 정리하고 없애는 것이다.

자기 창조는 채우는 학습과 버리는 학습에 의해 일어나는데, 여기에는 순서가 있다. 먼저 버리는 학습을 하고 나서 채우는 학습을 해야 한다. 이미 체득한 지식과 행동이 새로운 것을 받아들이는데 방해가 되기 때문이다.

상상해 보라. 집안의 쓸모없는 물건들을 정리하지 않은 채 계속

해서 물건을 사들이기만 한다면 어떻게 되겠는가?

먼저 버리고 채워라. 그래야 보다 빠른 속도로 자신을 재창조할 수 있다.

둘째, 절박해져라.

절박함이야말로 변화를 시작하게 하는 아주 강력한 원동력이다. 예를 들어 건강할 때 담배를 끊기는 어렵지만 암에 걸리면 즉시 담배를 끊을 수 있는 것처럼 절박한 위기감은 오래된 습관을 버리게 만들어주는 마력이 있다.

다음은 이솝 우화에 나오는 '이심' 이의 이야기다.

이심이는 원래 작고 보잘것없는 물고기였다. 그런 데다 착하기까지 해서 주변의 큰 물고기들이 쉽게 잡아먹어 그만 멸종 위기에 이르게 됐다. 그러나 이심이 족속은 '무조건 인내'만 하면서 사는데 길들여져 있었기 때문에 자기보다 큰 물고기에 잡아먹히는 것을 숙명으로 받아들였을 뿐 반항을 해본 적이 없었다.

하지만 살아남은 몇 안 되는 이심이들은 무조건 인내만 하다가는 결국 종족이 멸종된다는 것을 깨닫고 스스로 자신들의 목숨을 지키기 위해 힘을 기르기로 마음을 모았다.

"더 이상 잡아먹힐 수 없어! 이대로 가다가는 우리 이심이의 씨가 말라버리겠어!"

　마침내 이심이들은 자신들을 잡아먹겠다고 덤비는 놈들과 한판 싸움을 벌였다. 이심이를 노리던 물고기들은 종족 보존의 임무를 띠고 생사의 기로에 서서 싸우는 이심이를 당해 내지 못했다. 그리고 이게 어찌된 일인가? 싸움에서 이길 때마다 이심이들의 몸에 철갑 비늘이 하나씩 돋아나는 것 아닌가? 철갑 비늘은 어찌나 단단한지 아무리 센 놈과 싸워도 잡아 뜯기거나 부러지는 일이 없었다.

　이심이는 계속해서 자신들을 잡아먹으려는 새로운 적들과 싸워 나갔고, 그때마다 철갑 비늘이 돋아나 나중에는 바다 세계에서 그 누구도 당할 자가 없는 천하무적 물고기가 되었다.

　우리 인간에게는 타인에 의해서가 아닌, 스스로 변화하고 성장하고자 하는 욕구가 있다.

　당신은 어떤 변화를 원하는가? 당신에게 있어 소중한 것들은 무엇인가? 당신이 지닌 핵심 강점은 무엇이며, 절대 양보할 수 없는 그것은 무엇인가? 궁극적으로 당신이 가고자 하는 곳은 어디인가?

　도달하고 싶은 곳이 있어야 우리는 즐겁게 그 길을 걸어갈 수가 있다. 만약 그 길을 스스로 정하지 못한다면 당신은 자신의 인생이 아닌 남의 인생을 살아갈 확률이 높다. 남의 인생을 살아가면서 즐겁고 행복할 사람은 아무도 없을 것이다.

진정한 변화란 A를 B로 대체하는 것이 아니라 본연의 모습으로 되돌아가는 것을 말한다. 그래서 변화는 타인에 의해서가 아니라 자기 자신의 욕망에서 시작해야 한다. 그래야 나와 가정, 그리고 사회 전체가 행복해질 수 있다.

세상에 태어나 한번 사는 것이 인생이다. 그 인생을 낭비하고 싶은 사람은 아무도 없을 것이다. 인생을 낭비하지 않는 삶이란 어떤 것인가? 그것은 바로 내가 되어 사는 삶이다. 내가 주인으로 사는 삶이다. 주인이 되면 안 보이던 문제가 보인다. 문제가 보이면 해결하고 싶어서 공부를 하게 된다.

당신의 행복한 미래를 위해 오늘 하루를 바꿔보라. 오늘 하루를 바꿀 수 없다면 당신의 꿈을 이루기는 어려울 것이다. 종이 한 장은 얇다. 하지만 그 얇은 종이가 쌓이면 엄청난 높이가 된다는 사실을 기억하라. 그러면 오늘 하루가 매우 소중하게 느껴질 것이다.

나만의 발자국을 만들어라

앞서간 사람들의 길을 참고삼아 당신만의 길을 새로이 만들어가라

2년 전쯤인가. MBC에서 방영한 신년기획 교육 3부작 다큐멘터리 「열다섯 살, 꿈의 교실」을 본 적이 있다.

아일랜드, 핀란드, 영국, 스웨덴과 우리나라의 열다섯 살 아이들의 삶을 비교한 프로그램이었는데 특히 스웨덴의 한 학교가 인상 깊었다. 그 학교 학생들은 우리나라로 치면 고등학교에 올라가기 전에 1년을 쉰다. 그 1년은 자신의 꿈에 대해 생각해 보는 시기이며, 자기가 해보고 싶은 직업을 학교 밖에서 직접 체험해 보는 기간이다.

물론 처음에는 공부에 방해가 된다는 이유로 학부모들이 반대를 하기도 했다. 하지만 학교는 아이들의 미래를 위해 과감히 변화를 시도했고, 몇 년 후에 비교를 해보니 1년 동안 바깥 체험을 한 학생

들이 그렇지 않은 학생들에 비해 공부에 대한 의욕이나 성적, 그리고 만족도 등이 월등히 높은 것으로 나타났다. 지금은 아이들이 1년의 시간을 좀 더 잘 보낼 수 있도록 부모는 물론 사회가 적극적으로 도와준다.

공부하는 학생들 입장에서는 남에게 뒤처질 것 같아 조바심이 나기도 하겠지만 결국 그 1년이 10년을 앞서갈 수 있게 해준, 미래를 위한 준비 기간은 아니었을까?

모든 문제는 각자 있어야 할 자리에 있지 못해서 일어난다. 초식동물인 소에게 생산성을 극대화하기 위해 동물성 사료를 먹여 발생하게 된 광우병은 하나의 좋은 예라고 할 수 있다. 생산성은 극대화되어 소를 키우는 주인은 많은 돈을 벌었을지 모르지만 결국 미친 소, 미쳐버린 먹이사슬은 우리 인간, 즉 나 자신을 해치는 꼴이 되고 말았다.

가장 바람직한 삶은 자신의 강점을 기반으로 해서 살아가는 것이다.

창조성과 행복의 관계를 지속적으로 연구해 온 미국의 심리학자 미하이 칙센트미하이 교수는 이렇게 말했다.

"목소리가 따르지 않는데도 오페라 가수가 되겠다고 하는 것은 분별없는 선택이다. 마찬가지로 운동 신경이 무딘 사람이 메이저리 그에서 유명선수가 되겠다고 하는 것 역시 잘못된 판단이다. 또한 피를 보면 질색하는 사람이 의사나 수의사가 되겠다고 하는 것도 고려할 만한 가치가 없는 일이다

그럼에도 사람들은 현실을 무시한 채 자신이 성취할 수 없는 목표를 추구하느라 안달하는 경우가 너무도 많다. 더군다나 설령 이렇게 해서 원하는 목표를 성취했다 하더라도 여기에서 별로 즐거움을 얻지 못한다."

당신과 나 자신 그리고 아이들에게 던져야 할 질문이란 바로 이런 것이다.

'나의 타고난 강점은 무엇인가?'

'그 강점으로 무엇을 할 수 있는가?'

'나는 어떤 인생을 살기를 원하는가?'

이러한 질문에 대한 대답은 현재만이 아니라 평생을 두고 생각해야 한다.

제인 폰다는 60번째 생일을 맞이했을 때 "인생에서 가장 두려운 것은 죽음이 아니라 후회로 삶을 마감하는 것"이라며 "인생의 종착

점에 이르렀을 때 자신이 하지 않아서, 또는 성취하지 못해서 후회가 될 만한 일은 무엇일까 곰곰이 생각하고 따져보니 그것은 사람들과 친밀한 관계를 맺고 뭔가 다른 삶을 사는 일"이었다고 말했다.

후회 없는 삶을 살려면 '나 자신이 만든 길'을 가야 한다. 만약 누군가가 나에게 '당신의 삶이 앞으로 일주일 남았다고 한다면 당신은 과연 무엇을 할 것인가?' 묻는다면, 나는 망설임 없이 대답할 것이다. 남은 일주일 중 이틀은 내가 해오던 일을 하고 싶다고.

돈을 벌기 위한 수단으로 일을 택했다면 도저히 이런 대답을 하지 못할 것이다. 자신이 해오던 일을 하면서 죽음을 맞이할 수 있는 삶을, 나는 가장 멋진 삶이라 생각한다.

같은 질문을 당신도 받았다면 과연 당신은 무엇을 하겠다고 말하겠는가? 자신이 하던 일을 계속하겠다고 말할 수 있겠는가?

자신의 직업에 대해 굳건한 소명의식이 있지 않는 한 이와 같이 대답하기란 참으로 난처하고 힘든 일일 것이다.

최근 들어 창조경영이 화두가 되면서 21세기에 가장 불쌍한 사람은 '근면성실하기만 한 사람이다.'는 말까지 나오고 있다. 근면성실해서 되는 일들은 이제 대부분 기계가 대신해 주고 있기 때문이다. 무조건 참고 인내하는 방식으로는 성공할 수 없을 뿐더러 삶이 지루해진다. 지금은 20세기가 아니다. 21세기를 살아가는 우리는 일하는 게 너무 기뻐서 참을 수 없을 정도가 돼야 한다. 일 자체가 목적이 될 수 있어야 한다. 그러면 저절로 근면해지고 성실해진다. 땀에 젖을 수 있게 하는 노력도 중요하지만 그보다는 '즐거움'에 젖는 것이 먼저다.

사람에게는 저마다 주어진 길이 있다. 그 길을 모른다고 피하려 하지 마라. 쉽게 찾아지지 않는다고 포기하려 하지 마라. 길을 찾지 못하는 가장 큰 이유는 절실하게 찾지 않기 때문이다. 우리 모두는 자신이 생각하는 것보다 훨씬 더 큰 잠재능력을 갖고 있다. 태어날 때부터 이미 가지고 태어난다. 그것을 찾아내 완성해 가는 것이 삶에 대한 책임이고, 임무이다.

이때 주의해야 할 점은 남들이 간 길만 쫓아가선 안 된다는 것이다. 남의 발자국을 밟으며 가는 사람들은 자신의 발자국을 남기지 못한다. 앞서간 사람들의 길을 참고삼아 당신만의 길을 새로이 만들어가라. 그래야 후회 없는, 참다운 인생을 살 수 있다.

생각을 바꾸면 성공이 보인다

생각하기에 따라서는 그 모든 것이 새로운 사업 아이템이 될 수 있음을 명심하라

어쩌면 당신이 찾는 '나만의 길'은 의외로 가까운 곳에 있을 지도 모른다. '살림의 여왕'이라 불리는 마사 스튜어트의 경우는 그 좋은 예가 될 것이다. 평범한 집안 살림을 기업 차원으로 끌어올려 엄청난 성공을 거둔 그녀는 자신의 저서 『마사 스튜어트 아름다운 성공』에서 이렇게 말했다.

"살림살이는 우리에게 예술이다. 그리고 살림살이는 가족, 친구, 전통, 좋은 음식, 창의성이 어우러진 삶의 축제이기도 하다."

마사 스튜어트는 1941년 미국 뉴저지 주의 너틀리에서 태어났다. 마사의 부모는 폴란드계 사람이었는데 그녀는 어렸을 때부터

요리에서 정원 가꾸기까지 살림에 대한 모든 것을 하나하나 배워나
갔다.

대학에서 역사학을 전공하며 모델로도 활동했던 마사는 대학을
졸업하고 결혼한 후에는 증권 중개인으로 일하며 큰 수익을 올리기
도 했다. 그러나 1970년대 석유 파동이 일어나자 증권 중개 일에서
손을 떼고 남편과 함께 코네티컷에 있는 오래된 농가를 사들여 자
신의 재능을 이용한 사업을 구상하기 시작했다.

마사는 가정식 케이터링 사업homegrown catering business: 결혼식이나
생일 파티, 연말 모임 등 각종 행사 주최 측이 원하는 음식을 주문하면 필요한 날 인원수에 맞
춰 집에서 만든 음식을 배달해 주는 사업을 목표로 농가를 현대식으로 바꾸고,
지하에 부엌을 만들어 자신이 열정을 쏟아 가장 잘할 수 있는 일,
즉 '요리'를 하기 시작했다. 그녀의 음식 솜씨와 테이블 세팅이 환
상적이라는 소문은 순식간에 사람들의 입에서 입으로 번져갔고, 그
녀는 곧 유명인사가 되었다.

마사는 이때의 경험을 바탕으로 1982년에 첫 번째 요리책 『엔터
테이닝』을 출간한다. 미국의 많은 가정주부들이 그녀의 책에 매료
되어 열광적인 반응을 보였고, 마사는 1987년 할인점 K마트의 컨설
턴트 겸 대변인으로 발탁된다. 1990년 타임워너와 손을 잡고 잡지

『마사 스튜어트 리빙』을 출간한 그녀는 자신의 살림 노하우를 책과 칼럼 등으로 공개, 폭발적인 인기를 얻으며 '스타'가 된다.

마사는 마침내 1997년 MSLOMartha Stewart Living Omnimedia를 세운 다. Omnimedia는 '모든, 전부의, 모두를 망라한'이라는 뜻을 지닌 라틴어 'omnis'에서 파생된 단어로 마사가 잡지·단행본·신문· 라디오·텔레비전·인터넷 등을 두루 융합하는 언론매체를 지향하 고 있음을 나타낸다.

MSLO는 1999년 뉴욕 증시에 상장되어 시가 총액 10억 달러약 1 조 2000억 원의 초대형 기업으로 성장했고, 마사는 여러 개의 잡지와 텔레비전 프로그램, 웹사이트를 소유한 백만장자 기업가가 된다.

말하자면 마사는 많은 사람들이 대수롭지 않게 여기는 집안 살 림을 사업화하여 1년에 수억 달러의 매출을 올리는 회사로 탈바꿈 시킨 인물이다. 미국의 경제전문지 『포춘』은 그녀를 '가장 유력한 여성 50인'에 두 번이나 선정했고, 시사주간지 『타임』도 그녀를 '미국에서 가장 영향력 있는 25인'에 선정했다.

마사 스튜어트는 일에 대해 다음과 같이 말하고 있다.

"사업가가 되고 싶다면 단지 '일하러 다니는' 사람이나 '단순히 반복적으로 일하는' 사람보다 훨씬 더 많은 요소를 갖춰야 한다.

예를 들면 끊임없는 학구열, 호기심, 지칠 줄 모르는 힘, 건강 등이다. 잠이 모자라도 견뎌낼 수 있는 인내와 끈기, 욕구, 그리고 한번 시작하면 다른 곳에 정신을 팔지 않는 집중력도 필요하다. 이는 물론 손쉽게 갖출 수 있는 특성은 아니지만 성공한 사업가가 되기 위해서 반드시 갖추어야 할 요소다."

마사는 '일에 대한 열정'을 '사랑하는 한 사람에게 자신의 모든 것을 바치는 열렬한 연애 감정'에 비유하며, 일에 열정이 깃들면 일은 일 이상의 것으로 바뀐다고 강조한다. 집안일도 예외는 아니다. 집안일에 열정을 가지게 되면 그것은 늘 반복해야 하는 지겨운 노동이 아니라 흥미 있고 즐거운 일이 되고, 보람도 느끼게 된다.

당신에게도 가능성은 존재한다. 그동안 집안에서 해왔던 일들을 떠올려보라. 가구를 닦는 일, 방 안을 청소하는 일, 다림질 등등. 마사의 경우처럼, 생각하기에 따라서는 그 모든 것이 새로운 사업 아이템이 될 수 있음을 명심하라.

꿈이 없으면 아무것도 이룰 수 없다

내 소원은 무엇인가? 내 꿈은 무엇인가?

강연을 할 때 나는 사람들에게 물어보곤 한다.

"별똥별이 떨어질 때 소원을 빌면 반드시 이루어진다는데 어떻게 해서 이루어지는 걸까요?"

그러면 대부분은 고개를 갸우뚱거리며 잠시 생각에 빠진다. 그렇게 약간의 시간이 흐른 후에, 나는 질문에 대한 대답으로 다음과 같이 말한다.

"별똥별이 떨어지는 순간은 찰나이지요. 그 짧은 순간에 자기의 소원을 말할 수 있을 정도라면 평상시에 얼마나 간절히 원했던 소원인지 알 수 있지요. 그래서 그 소원은 이루어지는 거랍니다. 별똥별의 힘이 아닌 소원을 비는 사람의 '간절한 마음의 힘' 때문이지요"

소원을 이루기 위해서는 무엇보다도 먼저 이루고 싶은 꿈이 있어야 한다. 다른 사람들이 정해 준 꿈이 아닌, 진정으로 내가 원하는 꿈이 있어야 한다. 그것만이 나를 머일 그 꿈에 대해 생각하게 하고, 그 꿈을 현실화화기 위해 지금 필요한 것은 무엇인지에 대해서도 생각하게 해준다.

지금 이 순간 스스로에게 물어보자,

내 소원은 무엇인가?

내 꿈은 무엇인가?

살아 있는 동안 꼭 한번 해보고 싶은 일은 무엇인가?

'피그말리온 효과' 라는 말, 한번쯤은 들어본 적이 있을 것이다. 간절한 열망이 꿈을 이루게 한다는, 다시 말해 긍정적인 사고가 사람에게 좋은 영향을 미친다는 이 말은 바로 그리스신화에서 유래되었다.

그리스신화에 등장하는 키프로스의 왕 피그말리온은 뛰어난 조각가이기도 했다. 그가 왕으로 있을 때, 여신 아프로디테는 사람을 제물로 바치는 키프로스 인들의 의식을 못마땅하게 여기고 그들을 벌하는 의미에서 역사상 처음으로 사창가를 열었다. 최초의 창녀들은 너무나 난잡스러웠기 때문에 피그말리온 왕은 여자들을 만나지 않았다. 대신 대부분의 시간을 이상적인 여인상을 조각하며 보냈다. 그들 중 하나는 놀랄 만큼 아름다웠고, 그는 그만 그 조각상을 사랑하게 되었다.

피그말리온은 달콤한 말들을 조각상의 귀에 속삭이고, 딱딱한 입술에 키스를 퍼붓고, 매끈한 몸을 어루만지고, 옷도 갈아입혔다. 어느덧 그는 조각상이 살아 있을 뿐만 아니라 진심으로 자신의 손길을 받아들이고 있다는 착각에 사로잡혔다. 그러나 결정적인 순간에는 언제나 현실로 돌아왔고, 그는 심한 좌절감을 느꼈다.

그러던 중 피그말리온은 아프로디테 여신의 축제 여신에게 황소를 제물로 바치고 자신이 사랑하는 조각상을 진짜 여인으로 만들어 달라는 기도를 올렸다.

아프로디테는 피그말리온의 마음이 진심임을 알고 그가 만든 조각상에 생명을 불어넣기 시작했다. 조각상의 몸이 차츰 따뜻해지고, 피부는 부드럽게 변했으며, 마침내 조각상의 입술이 피그말리온의 키스를 받아들였다.

사랑과 미의 여신 아프로디테의 마음을 움직인 것, 그것은 무엇이었을까? 바로 피그말리온의 진심이었다. 원하는 것을 얻기 위해 최선을 다하는 그의 간절함이 아프로디테에게 전달된 것이다.

이처럼 무엇인가를 간절히 바라는 마음은 외부 세계의 에너지를 자신에게로 끌어들이는 자석과도 같은 역할을 한다. 한낱 조각상에 불과한 여인상을 살아 있는 사람처럼 대하며 생명을 불어넣고자 했던 그의 행동은 남들이 봤을 때는 미친 짓이라고 할 수도 있다. 하지만 간절함으로 가득 찬 그의 행동이 결국은 아프로디테의 마음을 불현듯 움직여 에너지를 쏟게 만들었던 것이다.

미래는 화석이 아니다. 변화무쌍하게 살아 움직이는 생명체다. 우리는 정해진 삶의 궤적을 그저 따라가고 있는 것이 아니다. 매순간 내 앞에 놓인 수없이 많은 길 중에서 하나를 선택하고 결정하고 있다. 결정은 온전히 우리 자신의 몫이다.

뛰어난 능력이나 학벌, 많은 재산 등은 성공의 요인 중 하나다. 하지만 많은 성공한 사람들을 보면 그것이 결정적인 요인은 아님을 알 수 있다. 가장 중요한 요인은 '간절함'이다. 간절한 마음은 우주의 모든 기운을 내 안으로 끌어들이는 힘이 있다.

또한 성공한 사람들을 보면 그들은 곤경에 처했을 때 자신을 둘러싼 상황을 불평하는 대신 '어떻게 하면 이 난관을 뚫고 나갈 수 있을까?'를 생각했다. 그들에게는 자신만의 분명한 목표가 있었고, 그들의 가슴에는 간절한 꿈이 있었다. 그들은 그 꿈을 향해 한 발 한

발, 꿋꿋하게 걸어간 끝에 결국에는 목표점에 우뚝 설 수 있었다.

당신도 꿈을 이루고 싶다면, 피그말리온처럼 대부분의 시간을 자신이 원하는 바와 그것을 성취할 방법에 대해 생각하며 보내야 한다. 목적지가 어디인지, 어떻게 해야 그곳에 도달할 수 있는지에 대해 생각해야 한다. 그래야 '꿈은 반드시 이루어진다.'는 긍정적인 사고방식을 가질 수 있다.

만약 당신이 대부분의 시간을 원하지 않는 것에 대한 생각을 하며 보낸다면 당신은 부정적인 사람이 될 수밖에 없다. 그럴수록 일어나지 않기를 바라는 일들이 당신의 삶 속으로 더 많이, 더 깊게 들어오게 된다.

당신에게는 꿈이 있는가?

별똥별이 떨어지는 그 순간에 말할 수 있는 간절한 꿈이 있는가?

벤저민 프랭클린은 "많은 사람들이 25세에 죽지만 65세까지는 땅에 묻히지 않는다."고 말했다. 인간에게 있어 정말 무서운 것은 나이 드는 것이 아니라 꿈이 없는 것이다. 꿈이 없는 사람은 이미 죽은 것이나 다름없다.

흔들리지 않고 피는 꽃이 어디 있으랴

이 세상 그 어떤 아름다운 꽃들도

다 흔들리면서 피었나니

흔들리면서 줄기를 곧게 세웠나니

흔들리지 않고 가는 사랑이 어디 있으랴

- 도종환의 「흔들리며 피는 꽃」 중에서

변화는 나로부터 시작된다

문영란
46세, 현재 삼성생명 FC육성센터 교육담당 CM

31세 철부지 새댁, 세상에 뛰어들다

"엄마, 밤에 오지 말고 낮에 데리러 와~."

우리 아이가 어린이집을 가면서 늘 했던 말이다. 나는 지금도 이 말을 떠올리면 눈물이 난다. 종일반에 다니던 아이는 친구들이 다 가고 몇몇만 남아 있다 결국 선생님과 단둘이 남게 되었을 때, 자기를 데리러 오는 엄마가 오늘은 좀 일찍 왔으면 하는 마음을 그렇게 표현하곤 했다. 내가 보험설계사의 일을 처음 시작했던 16년 전의 일이다. 당시는 아침마다 아직 네 살밖에 안 된 아이와 안타깝게 헤어져야 했다.

그런데도 내가 일을 시작한 것은 직업을 가지고 싶은 열망 때문이었다. 단순히 남편의 경제적인 부담감을 덜어주기 위해 일을 택한 것은 아니었다.

　나는 결혼 전에 백화점에서 7년 정도 사무직으로 근무했던 경력
이면 어디든 취업할 수 있다는 자신감으로 여러 회사에 이력서를
보냈다. 하지만 내 능력과 경력을 인정해 주는 곳은 거의 없었다.
그런데도 소심하고 내성적이었던 나는 사무직만을 고집했기 때문
에 직장을 구하기가 쉽지 않았다.

　그러던 어느 날, 가입하고 있던 보험이 실효가 되어 보험사에 직
접 찾아가 부활을 했는데 나를 안내해 준 보험설계사가 나에게 보
험영업을 한번 해보라고 권유했다. 나는 나와는 맞지 않는 일이라
며 단번에 거절하고 돌아왔지만. 그는 가끔씩 나에게 전화해서는
안부도 묻고 가입한 보험의 장점에 대해 친절히 설명해 주었다. 누
구나 세 번만 전화 통화를 하게 되면 친해진다는 말이 있다. 나 역
시 그의 친절함에 반해 보험사 입문교육을 받고 삼성생명에 입사하
게 되었다.

　내가 보험설계사 일을 하려고 하자 남편은 물론 친정어머니와
손위 동서들 모두 반대하고 나섰다. 그 일을 하다 카드빚을 지고 이
혼하는 사람 많이 봤다는 사례까지 들어가며 나를 설득했다. 친구

들도 "네 성격에 보험영업은 너무 힘들어. 괜히 마음만 다칠 거야."
라며 반대했다. 그러나 친정아버지만큼은 예외였다. 충분히 생각하
고 선택한 일이라면 열심히 노력해서 영업에서도 최고가 되도록 하
라며, 너는 무슨 일을 하든 잘할 수 있을 거라고 나에게 용기를 불
어넣어 주셨다. 나는 나를 믿어주는 친정아버지의 기대에 부응하기
위해 최선을 다했다.

소심녀, 열정녀로 변하다

보험영업은 사람들이 염려한 대로 쉽지 않았다. 연고영업, 지인
영업을 거부하고 개척영업만 고집하다 보니 노력한 만큼의 성과가
나오질 않았다. 친한 친구들은 내가 1년 만 다니면 보험에 가입하겠
다고 했다. 그들이 보기엔 내가 몇 달 다니지 못할 것 같았으리라.
하지만 나는 소심하긴 해도 인내심과 끈기만큼은 누구에게도 뒤지
지 않았다.

친구들이 말한 1년이 다 되어갈 무렵, 결혼 전 직장 동료였던 친
구가 갑자기 암에 걸려 2년간 투병하다 33세의 나이에 어린 두 아
이와 남편을 남겨두고 저세상으로 떠났다.

당시 나는 그 친구의 병원비 때문에 온 가족이 힘들어하는 것을
눈으로 직접 보았다. 보험을 들게 했어야 했는데, 내 잘못인 것 같

아서 많이 힘들었다.

나는 친구의 죽음을 통해 보험의 진정한 가치를 깨닫게 되었고, 그것이 지금까지 보험업에 종사하게 된 계기가 되었다. 그 후 나는 소심한 보험설계사에서 적극적인 보험설계사로 변해 내가 아는 모든 사람들에게 다가가 보험에 대해 알리고 가입을 권했다.

그렇게 열정적으로 보험영업을 3년 정도 했을 즈음, 나는 신입설계사를 교육하는 육성센터로 발령을 받았다. 회사 측에서 나의 보험설계사 생활이 다른 설계사들에게 모범이 된다고 판단한 것이었다.

공교롭게도 내 어릴 적 꿈이 교사가 되는 것이었다. 나는 하고 싶은 업무를 맡게 되어 누구보다 즐겁게 일할 수 있었고, 더 잘하기 위해 많은 노력을 했다. 성인들을 대상으로 하는 교육이었기에 즐겁게 진행하기 위해 웃음치료사 자격도 땄고, 주말이면 서울로 리더십 교육을 받으러 다녔다.

내가 직접 보험영업을 해서 얻는 보람도 컸지만, 내가 교육하고 코칭한 신입설계사들이 보험전문가로 성장하고, 나보다 훨씬 더 많은 수당을 받아가는 모습을 볼 때의 보람이 더 컸다.

마흔 살, 새로운 분야에 도전하다

직장생활과 육아를 병행하느라 정신없이 살았던 나는 불혹의 나이 마흔에 새로운 일에 도전했다. 대학에 다니기로 결정한 것이다. 나에게 계기를 만들어준 사람은 보험입문교육을 받고 있던 한 교육생이었다.

그는 나에게 "대학에선 무엇을 전공하셨나요? 몇 학번이세요?" 하고 물었다. 대학을 나오지 않은 나는 대충 얼버무리고 넘어갔다. 하지만 보험 일을 하려고 들어오는 교육생들의 학력 수준이 높아지고 있어 그들을 교육하는 사람으로서 실무 외에도 더 많은 지식이 필요하다는 것을 절실히 느끼고 있던 터였다. 그래서 직장생활을 하면서 공부도 할 수 있는 사이버대학 부동산학과에 입학했다.

부동산학과를 선택한 이유는 고객과 상담을 할 때 보험보다 많은 사람들이 관심을 갖고 있는 부동산에 대한 이야기를 먼저 꺼내면 대화를 좀 더 편안하게 이끌 수 있기 때문이었다.

당시 전업주부였던 내 친구들은 직장생활을 10년 정도 했으니 이제 그만 정리하고 헬스클럽 같은 곳이나 다니면서 쉬지 얼마나 더 오래 일하려고 공부까지 하느냐며 말렸다. 여자 나이 마흔이면 여유롭게 여가를 즐길 나이라고 했다.

하지만 내 생각은 달랐다. 우리나라 여성의 평균수명인 83세까지 40여 년 이상 남았는데 그 시간을 아무 생각 없이 놀면서 보내고 싶지는 않았다.

아이도 중학생이 되어 엄마에게 의지하지 않고 공부든 뭐든 알아서 했다. 오히려 엄마가 집에서 항상 책을 보며 공부하는 모습을 보여주니 아이도 더 열심히 공부했다.

일을 하면서 공부하는 것이 결코 쉽지는 않았다. 매일 밤, 늦은 시간에 집에 돌아와서도 졸린 눈을 비비며 인터넷 동영상으로 교수님들의 수업을 듣고, 과제물을 제출해야 했다. 토론방에도 참여해야 했고 분기별로 시험도 봐야 했다. 집안일로 시간을 내지 못했을 때는 주말 내내 하루 종일 수업을 듣기도 했다.

지치고 힘들 때도 있었지만 공부는 하면 할수록 욕심이 생기는 것 같다. 나는 3학년에 올라가서는 평생교육학을 복수 전공했다. 지금은 평생학습시대라 구청이나 주민자치센터 등에서도 평생학습프로그램을 개발해 운영하고 있다. 따라서 평생교육사로 일할 수 있는 기회가 찾아올 그날을 위해 자격증을 따두고 싶었다. 내가 회사에서 하는 일도 실무교육과 코칭이었기 때문에 알고 있는 지식들을 효과적으로 전달하고, 조직을 관리하는 일에 꼭 필요한 공부라는 생각도 들었다.

나는 아직도 새로운 꿈을 꾼다

4년간의 대학 공부를 마치고 학사모를 쓴 나는 그 정도로 만족하지 않았다. 내 안에서 꿈틀거리며 일어서는 새로운 꿈을 즐겁게 이루어내고 싶었다. 그 꿈은 바로 노인을 대상으로 하는 자기계발 전문가가 되는 것이다.

평균수명이 갈수록 높아지고 있는 지금, 화두는 점점 길어지고 있는 노년을 어떻게 보내느냐 하는 것이다. 무조건 쉰다고 좋은 것만은 아니다. 젊은 친구들 못지않게 몸도 마음도 건강한 노인들이 많은데, 그들이 교육을 통해 잠재되어 있는 능력을 발견하고 개발할 수 있다면 재취업도 가능하다는 생각이 들었다. 그러기 위해서는 먼저 다양한 학습프로그램이 개발되어야 하고 관련 교육기관도 많이 생겨야 한다. 물론 노인교육프로그램을 시행하고 있는 관공서가 있긴 하지만 여전히 부족한 것이 현실이다.

나이 들어서도 자기 일을 할 수만 있다면 아름다운 노년을 보낼 수 있을 것이다. 이는 참으로 보람된 일이라 생각한다.

나는 지금 그 꿈을 이루기 위한 준비를 하고 있다. 행복한 인생은 저절로 만들어지는 것이 아니다. 끊임없이 노력해서 자신이 지닌 강점이 무엇인지 찾아내 살리고, 즐기며 살아갈 때 얻어진다. 내가

꿈을 꾸고, 변화하려고 노력하는 것은 내가 좋아하고 나를 이해해
주는 사람들과 함께 행복하게 살아가기 위해서다.

Carpe diem!

내가 좋아하는 말 중 하나로 '지금 살고 있는 이 순간을 즐겨라.'
라는 뜻이다. 나는 미래가 될 현재를 즐기기 위해 오늘도 열정 에너
지를 충전한다.

내가 직립의 나무였을 때 꾸었던 꿈은
아름다운 마루가 되는 것이었다
넓찍하게 드러눕거나 앉아 있는 이들에게
내 몸속에 살아 있는 이야기를 들려주는 것이었다
그렇게 낮과 밤의 움직임을 헤아리며
슬픔과 기쁨을 그려 넣었던 것은
이야기에도 무늬가 필요했던 까닭이다
내 몸에 집 짓고 살던 벌레며, 그 벌레를 잡아먹고
새끼를 키우는 새들의 이야기들이
눅눅하지 않게 햇살에 감기기도 하고
달빛에 둥글게 깎이면서 만든 무늬들
아이들은 턱을 괴고 듣거나
내 몸의 물결을 따라 기어와 잠이 들기도 했다
그런 아이들의 꿈속에서도 나는 편편한 마루이고 싶었다
그러나 그 아이들이 자라서 더 이상
내 이야기가 신비롭지 않을 때쯤, 나는 그저 먼지 잘 타고
매끄러운 나무의 속살이었을 뿐. 생각은 흐려져만 갔다
더 이상 무늬가 이야기로 남아 있지 않는 날
내 몸에 비치는 것은 윤기 나게 마루를 닦던 어머니,
어머니의 깊은 주름살이었다.

– 문정영, 「나무의 꿈」

PART 03

여성 특유의 힘을 발휘하라

여성의 감성은 강력한 무기다

여성과 남성은 여러 가지 면에서 다르다. 먼저 재미있는 퀴즈 하나.

교도소에 있는 죄수의 90%는 남자이며, 심리치료를 받는 환자의 90%가 여자인 이유는 무엇일까?

그 이유는 여자는 스트레스를 받으면 깊이 생각하지 않고 말하고, 남자는 깊이 생각하지 않고 행동하기 때문이라고 한다.

여성과 남성을 감동시키는 방법도 다르다. 여성은 자신을 존중해 주고, 칭찬해 주고, 껴안아주고, 키스해 주고, 경청해 주고, 관심을 가져주고, 위로해 주고, 곁에 있어 주고, 사랑해 주면 감동한다. 반면에 남성은 여성이 벌거벗고 나타나거나 먹을 것을 가져다주면 감동한다.

또한 남성은 독립적인 사람이, 여성은 반드시 필요한 사람이 되고 싶어 한다. 여성은 자신의 감정을 표현하고 약점을 드러냄으로써 서로 연결된다. 반면에 남성은 어떤 활동에 참여하고 약점을 숨김으로써 서로 연결된다.

여성은 남성보다 언어를 구사하는 능력이 뛰어나다. 여성은 세부 사항에 초점을 맞추고 좋아하는 제품이나 서비스가 있으면 그것에 대해 친구들에게 털어놓는다.

이처럼 남녀의 차이점을 열거하자면 한도 끝도 없을 것이다. 중요한 것은 바로 그 차이점을 인정해야 한다는 것이다.

1928년에 실제로 있었던 일을 바탕으로 만든, 부패한 세상과 맞서 싸우는 한 여성의 이야기를 감동적으로 담은 영화 「체인질링」에 이런 대사가 나온다.

"여자들이란 감정적이고 비논리적이야!"

그래서 여자들의 이야기는 들을 가치가 없다는 것이다.

그러나 세상은 많이 달라졌다. 현존하는 많은 미래학자들이 입을 모아 "미래는 여성의 시대!"라고 말한다.

그 이유는 무엇일까?

세계적인 베스트셀러 『새로운 미래가 온다』의 저자 다니엘 핑크

는 지난 150년의 세월을 3막으로 구성된 연극에 빗대어 설명하고
있다.

1막 산업화 시대에는 대형공장과 효율적인 조립라인들이 경제에
활력을 불어넣었다. 1막을 이끈 즈인공은 대량생산 노동자들이었으
며, 그들의 주요 특징은 육체적 힘과 강인한 체력이었다.

2막 정보화시대에는 대량생산이 무대 뒤로 사라지면서 정보와
지식이 선진 세계경제의 원동력으로 떠올랐다. 2막의 중심인물은
좌뇌형 재능을 갖춘 지식근로자들이었다.

3막은 이른바 하이콘셉트의 시대다. 3막의 주인공은 우뇌형 사고
에 뛰어난 능력을 가진 창작자 및 다른 사람에게서 감정적인 공감을
이끌어낼 수 있는 능력의 소유자들이다.

간단히 말하면 세상은 농부의 사회에서 공장노동자의 사회로,
또 지식근로자의 사회로, 그리고 이제는 창작자와 타인으로부터 감
정적 공감대를 이끌어낼 수 있는 사람들의 사회로 발전하고 있다는
것이다.

실제로 UCLA 의과대학이 2학년생들을 대상으로 1일 입원환자
체험프로그램을 운영하고 있는 곡적 역시 환자들과의 공감대를 형
성하기 위해서다. 이러한 감정적 공감대를 이끌어낼 수 있는 주역

들이 누군가? 바로 여성이다!

과거의 직업이 좌뇌형 재능을 요구했다면 미래의 직업은 우뇌형 재능을 요구하는 쪽으로 바뀌어가고 있다. 그런데 우뇌형 재능은 남성보다는 여성이 많이 갖고 있다.

한 예로 여성은 남성보다 공감하는 능력이 뛰어나다. 우뇌적 재능의 하나인 공감은 다른 사람을 불쌍하고 가엾게 여기는 연민과는 다르다.

공감은 상대방 입장에 서서 그가 어떤 감정을 느낄지 생각해 보는 것으로 이는 대단한 상상행위에 속한다. 특히 공감능력이 뛰어난 사람은 인관관계의 미묘한 감정을 이해하는 능력이 뛰어나다.

그들은 타인의 생각이나 느낌을 추측할 수 있기에 기본적으로 상대의 마음을 읽을 줄 안다. 공감은 타인을 격려하고, 삶에 활력을 불어넣어준다.

초등학교 고학년 남학생들과 그 아버지들에게 물었다.

'어려운 일이 있을 때 당신 아들은 아버지와 상의할 거라고 생각하십니까?'

어떤 설문조사였는지 정확히 기억나진 않지만 이 질문에 아버지들은 92%가 그렇다, 아들들은 4.2%가 그렇다고 대답했다.

엄마와 딸들에게도 똑같은 질문을 던졌다. 그랬더니 엄마들은 대체로 자신 없어 했다. 걸핏하면 잔소리나 늘어놓고 소리를 질러댄 탓에 딸이 자신을 싫어할 거라고 지레 겁을 먹은 것이다. 하지만 실제로는 그렇지 않다.

가정에서나 사회에서나 반듯한 모습을 보이며 모범적으로 살아가는 것은 중요한 일이다. 그러나 더 중요한 것은 '감정의 교류'이다. 대부분의 가정에서 엄마보다 아버지가 자녀들에게 사랑을 덜 받는 것은 그만큼 감정적인 교류가 적기 때문이다. 반면, 엄마들이 자녀들에게 사랑받는 것은 그만큼 감정적으로 더 많이 친밀하기 때문이다.

또한 여성은 경쟁보다는 협조와 조화에 능한 존재들이다. 독립된 개체로 인생을 살고 싶어 하는 남성은 자기중심적이고 경쟁적인 성향을 지니고 있다. 반면에 자신을 거미줄처럼 얽힌 인간관계의 일부로 보고 타인과 관계를 맺는 여성은 경쟁적이기보다는 상호의존적이며 협력적이다.

예를 들어 남자아이들은 운동경기에서 상대팀 선수가 넘어지면 이를 득점할 수 있는 기회로 여긴다. 그러나 여자아이들은 넘어진 상대팀 선수가 무사한지 확인한 후에야 다시 경기를 하는 경우가 많다고 한다.

그렇게 여성은 자신의 존재를 남들과의 관계 속에서 규정하기 때문에 그 관계가 위협받거나 깨질 경우 자신을 다 잃은 것 같은 상실감을 느낀다. 조화는 작은 조각들을 결합하고 종합하는 능력이며, 서로 다른 것들 간의 관계를 발견하는 능력이다. 이러한 조화 역시 우뇌적 재능이다.

덴마크의 미래학자 롤프 옌센은 정보화시대 이후 다가올 드림 소사이어티에서는 감성이 가장 중요한 핵심 키워드가 될 것이라고 말한다. 물론 감성이 여성의 전유물은 아니다. 하지만 여성성이 강한 것만은 누구도 부인할 수 없는 사실이다.

사실 미래가 아니라 현대에 있어서도 사회에 미치는 여성의 영향력은 남성과 거의 비슷한 수준이라고 할 수 있다. 예를 들어 미국의 경우 마케팅에 있어서 남성보다는 여성에 비중을 많이 두고 있는데, 그 이유는 물건 구매에 있어서 남성보다 여성의 영향력이 강해지고 있기 때문이다.

미국시장을 분석한 자료를 보면 의류는 전체 구매자의 65%가 여성이고, 자동차는 트럭을 비롯해 모든 신차 구매자의 52%가 여성이다. 가전제품은 전체 구매자의 45%구매 결정에 61%의 영향을 미침, 와인은 전체 매출의 55%, 건강 관련 제품은 전체 구매자의 80%에 달한다. 또한 여성은 여행과 관련된 결정에 70%의 영향력을, 보험이나 투자 등에 90%, 주택 구매 결정에 91%의 영향력을 미친다고 한다.

말콤 글래드웰은 『아웃라이어』에서 자신이 처한 시대와 환경이 성공에 얼마나 중요한 요소로 작용하는지 여러 사례를 통해 보여주고 있다. 그러나 50년 전과 지금은 시대가 달라진 것처럼 환경도 많이 달라졌다. 지금은 여성의 감성이 환영받은 시대다. 드디어 여자들의 세상이 온 것이다.

여성들이여, 그대들의 가장 매혹적이고 강력한 무기인 공감과 조화의 능력을 맘껏 발휘해 새로운 세상을 창조하라!

여자에게 마흔은 매력적인 나이다

걸리는 것 없이 자유로운 20대가 부러울 때도 있겠지만 여성에게 있어 임신과 출산, 육아로부터 어느 정도 자유로워진 중년은 무언가를 제대로 해볼 수 있는 매력적인 나이다.

남들보다 뚱뚱했던 주부 진 니데치가 1년 만에 무려 32kg을 줄이고, 그 경험을 살려 뉴욕의 리틀넥에 있는 극장 2층에 '웨이트 워처스'라는 회사를 설립했을 때, 그녀의 나이는 마흔이었다.

그녀의 사업은 즉시 성공을 거두었고, 그녀는 친구들의 도움으로 프랜차이즈 사업을 시작했다. 그 결과 웨이트 워처스는 미국 최대의 다이어트 회사로 성장했다.

천식을 앓는 아들을 위해 천연재료로 빵을 만들기 시작했던 마가렛 러드킨이 제빵 사업을 시작했을 때도 마찬가지로 그녀의 나이 마흔이었다. 미국 전역에 하나 둘씩 지점을 늘려나가던 마가렛은 빵을 사가는 사람들이 얇게 잘려 있는 빵을 원하자 기계로 빵을 미리 잘라 포장해서 팔았다.

비록 과거의 방식으로 빵을 만들었지만 소비자들의 요구를 정확히 파악하고 과감하게 변화를 시도한 것이다. 그로 인해 마가렛의 빵은 미국 제일의 빵이 되었다.

마가렛은 1950년대에 들어서자 이젠 미국에서도 유럽처럼 오랜 역사를 지닌 명품 과자를 만들 때가 되었다고 판단했다. 그녀는 특별한 맛을 지닌 쿠키를 찾아 직접 유럽 전역을 돌아다녔고, 마침내 벨기에에서 자신이 원하던 맛의 쿠키를 찾았다.

그녀는 즉시 쿠키를 만든 벨기에의 유명 제과점 델라크르하우스와 계약을 맺고 1956년, 미국에서 최초로 명품 과자를 만들어 팔았다. 그녀의 회사는 훗날 세계적인 다국적 기업 캠벨의 자회사가 되었고, '페퍼리지 팜'은 1995년 한 해 매출액이 5억 8000만 달러에 이르는 거대한 유기농 제과기업이 되었다.

네 자녀의 어머니인 34세 주부 주디 조지는 1974년 실내장식과 마케팅사업을 시작했다. 1년 후 그녀는 해밀턴이라는 가구회사에 스카우트되었는데, 46세 때 회사에 사표를 내고 말았다. 그녀가 정성껏 만든 보고서를 회사 CEO는 물론 참모진들도 혹평을 했던 것이다.

실제로는 해고나 마찬가지였지만 그녀는 좌절하지 않았다. 오히려 실패를 기회로 여기고 자기중심적인 현대 여성을 위한 가구점을 구상했다. 똑똑하고 지적이며 고풍스러운 것과 예술을 사랑하는 현대 여성들에게 패션은 중요한 요소지만, 그것에 대해 명확한 주관을 갖고 있지는 않았다. 집을 자신의 기회에 맞게 꾸미고 싶어도 어떻게 해야 할지, 방법을 몰랐다. 또한 대부분의 가구회사들이 소비자들이 원하는 질 좋은 상품을 만들지 못하고 있었다.

잘못된 시장을 바로잡기 위해 창업을 결심한 주디는 가구공장들을 돌아다니며 어떤 아이템이 잘 팔리는지, 사람들은 어떤 가구를 좋아하는지, 어떤 사람들이 돈을 잘 쓰는지, 가구회사들이 무엇을 놓치고 있는지 조사했다. 매장 디스플레이에 대해서도 다시 공부했다. 그리고 1986년 보스턴 근교 체스넛힐 몰에서 가구상점 '도메인'을 개장했다. 퇴직한 지 1년 만의 일이었다.

도메인은 문을 열자마자 소비자들의 눈과 발을 잡아끌었고, 첫해 500만 달러의 매출을 올려 미국 가구업계에 '태풍의 눈'으로 떠올랐다. 주디는 1995년에 이르러 북동부에 20개의 상점을 열었고, 5000만 달러의 매출을 올렸다.

48세 때 자신이 훈련시킨 남자 직원이 직속상관으로 발령이 나고, 연봉도 2배를 받자 미련 없이 회사를 그만둔 메리 케이 애시는 회사 설립을 목표로 그동안 은행에 저축했던 목숨과도 같은 돈 5000달러를 찾아 스킨로션과 크림 제조법 권리를 사들였다. 남은 돈으로는 작은 사무실을 임대하고 화장품을 만들 수 있는 기구와 사무실 가구, 비품 등을 구입했다.

그녀가 스킨케어를 만들 수 있는 화학자와 이를 판매할 직원을 채용하고 회사 문을 열기 한 달 전, 예상치 못했던 불운이 발목을 잡았다. 법적, 재정적 문제를 담당했던 남편이 심장마비로 숨을 거둔 것이었다. 주위 사람들은 그녀에게 회사 설립을 포기하라고 충고했지만 그녀는 듣지 않았다.

마침내 그녀는 1963년 9월 13일 '메리 케이의 뷰티'라는 가게 문을 열고 스킨케어와 화장품을 판매하기 시작했다. 불과 3년 만에 그녀의 회사는 3000명의 컨설턴트가 일하는 대기업으로 성장했고, 5년 만에 그녀는 백만장자 대열에 합류했다. 그리고 오늘날 '메리 케이 코스메틱'이라고 불리는 그녀의 회사는 '전 세계에서 연 수

익 100만 달러 이상을 올리는 여성이 가장 많은 기업'으로 자리매
김했다.

1867년 여름 황열병이 맴피스 전역을 휩쓸어 메리 존스는 남편
과 네 아이들을 모두 잃었다. 그녀의 나이 37세 때의 일이다. 모든
것을 잃은 그녀는 시카고로 이사를 해서 양재사로 새로운 삶을 시
작했다. 그러나 1871년 시카고에 큰 화재가 일어나 그녀는 집은 물
론 열심히 일해서 모았던 전 재산마저 잃어버렸다. 그녀의 나이 41
세 때의 일이다.

돈 한 푼 없고, 어떻게 살아가야 할지 막막하기만 했던 그때, 그
녀는 교회 지하실로 대피한 수백 명의 피해자들을 돌보다 인생의
새로운 목표를 찾았다. 그것은 바로 '노동운동'이었다.

당시 노동자들에게는 아무런 권리가 없었다. 사업주가 자기 마음
대로 임금과 근로조건, 근로시간 등을 정했다. 또한 방직산업과 광
산업, 제분업의 경우 많은 어린이들이 노동자로 일하고 있었다.

그녀는 착취당하는 어린이들과 노동자들을 위해 목숨을 걸고 싸
웠다. 실제로 그녀에게 총을 겨누는 경찰도 있었다.

그녀는 심한 구타를 당하고 감옥에 끌려가는 일을 되풀이하면서
도 끝내 포기하지 않았고, 수많은 노동조합을 결성시켰다. 치열한

투쟁으로 어느 순간부터 '마더 존스'라고 불리게 된 그녀는, 미국 노동운동의 길을 열고 초석을 다진 위대한 노동운동가 되었다.

중년의 여성들은 남자들이, 또 결혼해 보지 않은 여성들이 할 수 없는 경험들을 했다. 그 경험들을 녹여 단단한 무기로 만들면 충분히 경쟁력을 갖출 수 있다.

꿈과 열정이 있다면
지금 당장 시작하라

새로운 삶에 도전해 꿈을 이루어가는 중년 여성들은 우리나라에도 많이 있다

혹시 앞에서 열거한 사례의 주인공들이 외국인이라서 가슴에 와 닿지 않는가? 그런 분들을 위해 우리나라의 예를 들어보기로 하겠다.

친환경 음식물 처리기 전문기업 (주)루펜리의 이희자 대표, 초소형 음이온 공기청정기 전문업체 에어비타의 이길순 대표, 식용유 정제기를 발명한 우신NTI의 이가연 대표 등 중년의 나이에 과감하게 새로운 삶에 도전해 꿈을 이루어가는 여성들은 우리나라에도 많이 있다.

먼저 (주)루벤리의 이희자 대표는 20여 년을 전업주부로 살다가

2003년, 49세의 나이에 음식물 처리기를 개발하여 국내에 보급시킨 인물이다. 그녀는 1999년, '2005년부터 음식물 쓰레기의 분리수거를 의무화한다.'는 내용의 뉴스를 듣고 가정용 음식물 건조기를 개발하면 어떨까, 하는 생각을 하게 되었다고 한다. 우리나라의 음식물 쓰레기는 물기가 많아 냄새나 소리가 나지 않게 말리는 것이 가장 효과적인 처리 방법이라고 판단한 것이다.

이 대표는 남편 모르게 아파트를 담보로 은행에서 사업자금을 빌려 기계 만드는 직원, 남동생 등과 함께 3년여를 노력하고 고생한 끝에 그야말로 소리 소문 없이 음식물 쓰레기를 처리하는 신제품을 개발해 냈다. 이후 2003년 10월, 이 대표는 루펜리를 설립하고 가정용과 업소용 제품을 내놓으며 본격적으로 사업을 시작했다.

음식물 쓰레기를 어떻게 처리해야 좋을지 몰라 고민하던 주부들에게 이 대표가 만든 제품은 '단비'와도 같은 것이었다. 주부들의 반응은 뜨거웠고, 매출은 2004년 8억에서 2005년 약 20억, 2006년 약 500억, 2007년 약 1,000억 원으로 급격히 뛰어올랐다.

이 대표는 "인생에 연습은 없다."고 말한다. 꿈만 꾸고 걱정하면서 시간을 보내는 것은 아무 도움이 안 된다며 '실천'을 강조한다. 꿈을 이루기 위해서는 반드시 실천해야 한다는 것이다.

앞으로 대한민국을 이끌어갈 힘은 '여성'에게 있다는 이 대표. 그녀는 여성들에게 늘 당당하게 살라고 주문한다. 자신을 낮추지 말고 스스로 높이다 보면 자신이 잘할 수 있는 일을 찾을 수 있다는 것이다. 꿈을 이룰 수 있다는 굳은 믿음과 의지만 있으면 아무리 큰 꿈이라도 언젠가는 현실이 된다는 것이 그녀의 생각이다.

에어비타 이길순 대표 역시 평범한 주부였다. 그러나 '주부'였기에 가격이 저렴하고 사용이 편리한 초소형 공기청정기를 개발할 수 있었다.

이 대표는 다세대 주택 반 지하에 사는 친구 집에 놀러갔다가 친구 아들이 탁한 공기 때문에 감기를 달고 사는 것을 보고 서민들도 부담 없이 구입하고 편리하게 사용할 수 있는 공기청정기를 만들어야겠다는 결심을 했다고 한다.

이 대표는 그 후 무려 10여년이나 제품 개발에 매달린다. 이공계를 나오지 않은 이 대표는 여러 번 전기에 감전되어 기절하고, 기술자들을 설득하는 힘겨운 과정을 되풀이해야만 했다.

하지만 이 대표는 결코 포기하지 않았고, 마침내 2002년 손에 쥘 수 있을 정도로 크기가 작아 좁은 공간에서도 손쉽게 사용할 수 있는 초소형 공기청정기 '에어비타'를 세상에 내놓았다. 가격도 10만

원대에서 서민들도 큰 부담 없이 공기청정기를 구입할 수 있게 되었다. 이 대표가 처음 품었던 꿈이 완벽하게 실현된 것이다.

'공기 비타민'이라는 뜻을 지닌 이 제품은 물로 씻지 않아도 되는 세계 최초의 전자제품이라고 한다.

10만 원대의 작은 공기청정기가 일으킨 방향은 컸다. 성능은 뛰어난 반면 한 달 전기료가 100원도 들지 않아 국내는 물론 해외 주부들의 마음까지 사로잡은 것이다. 그로 인해 현재 에어비타는 미국, 독일, 영국 등 전 세계 20여 개국에서 100만 개 이상이 팔린 '글로벌 제품'이 되었다.

우신NTI의 이가연 대표의 경우도 우의 두 사람과 크게 다르지 않다. 그녀 또한 20년 넘게 전업주부로 살았다. 식용유 정제기계를 발명한 것도 '주부'로서 아이들을 깨끗한 환경에서 자라게 하고 싶고, 아이들에게 깨끗한 음식을 먹이고 싶어서였다.

어느 날 싱크대 하수구가 막혀 뜯은 이 대표는 기름때가 잔뜩 쌓여 있는 걸 보고 깜짝 놀랐다. 환경이 오염되리라는 것은 누가 봐도 알 수 있는 일이었다. 이 대표는 식용유를 적게 사용할 수 있는 방법을 찾다가 한 번 쓴 기름을 재활용할 수 없을까, 고민하게 되었다. 식용유를 재사용하면 환경오염을 여방할 수 있고, 돈도 아낄 수 있어 일석이조였다.

이 대표는 곰국을 끓일 때 삼베로 기름을 걷어낸다는 것에 착안, 사용한 식용유를 삼베에 거르고, 정수기 속에 들어 있는 맥반석을 이용해 기름을 정화하는 등 집에서 여러 가지 실험을 했다. 그러다 동네에 있는 한 치킨집에 갔는데 까맣게 변한 기름에, 그것도 적은 양으로 억지로 닭을 뒤적이며 튀기는 것을 보고 자신의 아이디어를 상업화하기로 마음먹었다.

그 후 2년이 넘도록 관련 기관을 찾아다니며 식용유 정제기 연구 개발에 매달린 이 대표는 발명에 성공한 2004년 우신NTI를 설립하고 식용유 정제기 노블크린과 크린패스 등을 잇달아 내놓았다. 결과는 성공적이었다. 첫 해 매출액만 10억 원에 달했고, 한 매체에서 식용유 정제기술에 대한 보도를 해준 덕분에 시장이 뜨겁게 달아올라 순식간에 대리점을 83개나 열게 되었다.

그 무렵 전혀 예상치 못했던 위기가 닥쳤다. 공장이사와 영업이사가 손을 잡고 회사를 나가 '짝퉁' 제품을 만들어 팔기 시작한 것이다.

믿었던 사람들에게 배신을 당한 이 대표는 마음에 큰 상처를 받았지만 당장의 어려운 상황에서 벗어나기 위해 '기본'을 저버리는 실수는 하지 않았다. 수익이 발생하면 그 돈을 더 좋은 제품을 만들기 위한 연구 개발에 투자했다. 그 결과 수동식 정제기를 자동식 정제기로 만들고, 유해가스를 덜 배출하면서 에너지도 절약할 수 있는 산화 억제기를 장착할 수 있게 되었다.

이 대표는 이러한 순환식 식용유 정제기와 식용유 산화 억제 장치를 특허 등록했고, 그녀가 발명한 제품은 세계여성발명대회 우수상, 스위스 제네바 국제발명전 금상 · 특별상 등을 휩쓸었다.

이희자 대표와 이길순 대표, 이가연 대표는 '나이는 숫자에 불과하다.' 는 사실을 몸으로 증명해 보인 사람들이다. 세상에서 말하는 이른바 '성공' 을 거두었지만 그들은 여전히 꿈을 향해 나아가고 있다. 더 크고, 더 넓은 세상으로의 발걸음을 멈추지 않고 있다. 그들의 역동적인 삶이 나이 때문에 망설이는 당신에게 말하고 있다. "꿈과 열정이 있다면 지금 당장 시작하라!"고.

젊은 정신을 가져라

'청춘'이 바로 '젊은 정신'이다

며칠 전의 일이다. 모임에서 만난 지인 한 명이 나에게 후배와 다투었던 이야기를 들려주었다.

어제 오랜만에 후배 한 명이 저희 집에 놀러왔습니다. 차를 마시며 이런저런 이야기를 나누다 자연스럽게 화제가 회사 일로 넘어갔죠. 후배는 회사생활의 어려움과 동기들의 퇴사로 일거리가 많아진 것에 대한 고단함과 불평을 토로하다 대뜸 이렇게 말하는 거예요.

"선배, 저는요 가늘고 길게, 묻혀 가면서 살려고요. 열심히 일해도 누가 알아주지 않잖아요. 적금 탈 때까지만 회사에 붙어 있다가 제 가게나 하나 차려야겠어요."

이제 갓 서른을 넘긴 후배의 입에서 가늘고 길게 살겠다는 말을 듣는 순간 치열하게, 정말 열심히 일했던 30대의 제가 떠오르더군요. 아시다시피 제가 회사를 나온 건 2년 전입니다. 그때부터 지금까지 줄곧 느끼는 것이 세상은 결코 만만치 않다는 겁니다. 치열하게 직장생활을 했던 저도 어려운데 가게 차릴 목돈 만들 때까지 주는 봉급이나 받으며 설렁설렁 일하겠다는 후배가 과연 성공할 수 있겠습니까?

제 눈에는 후배가 참으로 무책임하고 철딱서니 없어 보이더군요. 그래서 좀 심하게 질책을 퍼부었습니다.

"야, 너 그 따위 생각으로 회사생활 할 거면 당장 그만둬. 회사한테도 너한테도 도움 될 게 하나 없어. 아직 나이도 어린 친구가 뚜렷한 목표를 세우고, 그 목표를 이루기 위해 피땀 흘려 노력해야지 어디서 대충 시간이나 때우려는 생각을 하고 있어? 나는 여태껏 대충대충 직장 다니던 사람이 회사 그만두고 자기 일해서 성공한 거 본 적이 없어. 그런 사람이 있으면 네가 좀 찾아서 내게 데려와 봐. 지금은 네 일만 하게 되면 잘할 수 있을 거 같고, 잘될 것 같지? 어림도 없는 소리야. 절대 그렇지 않아. 성공이 한순간에 짜잔, 하고 나타나는 일은 없어. 하나를 보면 열을 안다고 했어. 네가 꿈을 가지고 있다면, 반드시 그 꿈을 이루고 싶다면 지금 하고 있는 일에 최선을 다해. 물론 최선을 다해도 안 되는 일이 있어. 나도 알아. 하지만 그 과정에서 정말 귀중한 경험을 쌓게 될 거고, 최소한 자기 자신에 대해 부끄럽지는 않을 거야. 그런데 너는 해보려고 하지도 않고 가늘고 길게 남의 등에 업혀 가겠다는 말을 하고 있는 거잖아. 일을 대하는 네 마음자세가 그렇다면 문제는 아주 심각해."

그랬더니 평소와 같지 않은 제 말투에 마음을 다쳤는지 후배가 선약이 있는 걸 깜박했다며 일어서더군요.

지인의 얼굴은 후배에 대한 걱정으로 어두웠다. 너무 심한 말을 한 것 같아 미안한 모양이었다. 하지만 그의 지적은 정확했다. 이 세상에 아무런 노력 없이 얻을 수 있는 것은 단 하나도 없다.

문득 얼마 전에 세상을 떠난 대한민국 패션계의 거장 앙드레 김 선생님의 모습이 떠올랐다. 그는 한 방송에서 70세가 넘은 나이에도 왕성하게 활동하는 비결을 묻자 '나이를 인식하지 않고 10대나 20대, 30대의 정신으로 사는 것'이라고 대답했다.

20대에 가졌던 패션에 대한 열정을 아직도 고스란히 간직하고 있다며 80살이 넘어서도 계속 디자이너로 남고 싶다고 했던 앙드레 김 선생님. 선생님은 또한 "하루에 17가지 신문을 본다. 새벽 4시 30분부터 신문을 보는 것으로 하루를 시작한다."고 밝히기도 했다.

선생님에겐 있지만 지인의 후배에겐 없는 것은 무엇일까. 그것은 바로 ‘젊은 정신’ 일 것이다. ‘열정’ 일 것이다. ‘끊임없는 노력’ 일 것이다. 이는 많은 자기계발서들이 성공의 필수조건으로 꼽는 요인이기도 하다.

사무엘 울만은 청춘에 대해 이렇게 말했다.

“청춘이란 인생의 어느 기간이 아니라 마음가짐을 일컫는다. 장미의 모습, 붉은 입술, 나긋나긋한 손발이 아니라 씩씩한 의지와 풍부한 상상력, 불타오르는 정열을 가리킨다. 청춘은 인생이란 깊은 샘의 신선함을 이르는 말이다. 두려움을 물리치는 용기, 안이함을 택하려는 마음을 뿌리치는 모험심을 뜻한다. 때로는 20세 청년보다도 70세 인간에게 청춘이 있다. 사람은 나이를 더해 가는 것만으로 늙지 않는다.”

여기서 말하는 ‘청춘’ 이 바로 ‘젊은 정신’ 이다. 대충 시간이나 때우고 월급이나 받으려는 안이한 마음가짐은 곧 ‘늙은 정신’ 이다. 그러한 정신은 자신의 소중한 인생을 대충 살도록 이끌어줄 뿐이다.

나만의 강점으로 **세상과 소통하라**

재능을 갈고 닦으면 강점이 된다. 재능이 있는 사람은 매일매일 성장한다

예전에 부산대학교에서 강의할 때의 일이다. 내 수업을 참으로 열심히 듣던 한 학생이 어느 날 나를 찾아와 자신의 경험담을 들려주었다.

부산 범일동에 있는 부산학원에서 재수하던 시절에 가깝게 지내던 친구가 있었습니다. 그 친구네 집은 시골에서 염소나 식용 개를 키우는 농장을 했었지요. 그래서 친구들이 그 친구를 '개사장'이라고 불렀습니다.

또 같은 반에 공부는 무척 열심히 하지만 성적이 잘 나오지 않아서 늘 고민하던 녀석이 있었어요. 개사장이라는 친구는 성적이 안 나와서 고민하는 그에게 이런 말을 하곤 했었습니다.

"치와와 새끼한테 사료를 한 부대 먹여봐, 도사견만큼 커지는가! 도사견을 한 일주일 굶겨봐, 그렇다고 치와와 새끼처럼 작아지는가! 너는 네가 섭취해야 할 정량보다 훨씬 많고, 또 맞지 않는 사료를 섭취하고 있는 거야."

공부를 사료에 빗대 날카로운 충고를 한 것이지요. 도사견은 덩치가 크고 힘이 좋아 일반적으로 투견시합에서 타고난 싸움 실력을 발휘하지요. 그에 반해 치와와는 작고 귀여워 많은 애견인들의 사랑을 받고 있지요.

그때 저는 그 말을 듣고 무척 많은 생각을 했었습니다.

나는 도사일까? 치와와일까?

그러나 결국 저는 답을 얻지 못했습니다. 그런데 교수님의 수업을 들으면서 무척 많은 학생들이 불투명한 장래와 자신이 처한 상황 때문에 고민을 하고 있다는 것을 알게 되었습니다.

담벼락에 뚫린 조그만 '개구멍'을 치와와는 쉽게 빠져나가지만 도사견을 빠져나가지 못합니다. 치와와의 몸을 가지고 있으면서 억지로 많은 사료를 퍼먹는 이들도 많지만 도사견의 몸을 하고서 조그마한 개구멍을 빠져나가려다 구멍에 끼어 오도 가도 못 하는 사람들도 많습니다. 특히 젊은 시절 대부분의 사람들이 그러하리라 생각됩니다.

그러면서 그 학생은 치와와의 장점을 이용해 고소득을 올리며 잘살고 있는 친구 이야기도 들려주었다. 키가 160정도밖에 되지 않은 그 친구는 조선회사에 엔지니어로 입사해 보통 남성들이 하지 못하는 일, 즉 좁은 공간에서 해야 하는 작업을 전담하게 되어 특수 인력으로 고소득을 올리고 있다는 것이었다.

사람들은 저마다 한두 가지쯤은 놀라운 재능을 가지고 태어난다. 예를 들어 영업직원 중에서도 기존 고객을 관리하는데 뛰어난 재능을 발휘하는 사람이 있는가 하면, 새로운 고객을 유치하는 일에 놀라운 능력을 보이는 사람도 있다. 글로 자신의 생각을 잘 표현하는 사람이 있는가 하면, 말로 자신의 생각을 더 잘 표현하는 사람도 있다.

재능을 갈고 닦으면 강점이 된다. 재능이 있는 사람은 매일매일 성장한다. 회계에 강점이 있는 사람은 숫자를 더하고 빼는 것과 같은 단조로운 일을 몇 시간이고 계속할 수 있으며, 그 일에서 또 다른 기회를 발견한다. 연기에 강점이 있는 사람 역시 마찬가지다. 반면에 재능이 없는 사람은 오랜 세월이 흘러도 언제나 그 자리에 머물러 있다.

당신은 어떤 사람인가? 혹시 엉뚱한 생각을 너무 많이 해서 고민인가? 그렇다면 당신은 뛰어난 발명가나 예술가의 재능을 가지고 있는 것이다. 지나치게 조심스러운가? 그렇다면 당신은 훌륭한 관리자가 될 수 있는 자질을 갖추고 있는 것이다.

지나치게 말이 많은가? 그렇다면 탁월한 언론인이 될 잠재력을 갖추고 있는 것이다.

내가 가지고 있는 강점을 찾아서 즐기는 능력이 바로 나와 타인, 그리고 이 사회 모두를 행복하게 만들 수 있는 비결이다.

이 사회는 지금 희망을 필요로 하고 있다. 희망이란 '나의 선택으로 내 삶을 바꿀 수 있는 사람들'이다. 당장은 어렵고 힘들어도 내 선택으로 인해 미래의 삶이 바뀔 수 있다고 믿는 사람은 어떤 어려움도 견뎌낼 수 있다. 그런 의미에서 선택할 수 없는 사람은 희망이 없는 사람이라 말할 수 있다.

이 순간 희망이 보이지 않는다면 그만큼 선택에 인색하기 때문이다. 희망이 보이지 않는다고 말하기 전에, 스스로에게 나는 선택을 하기 위해 어떤 노력을 했는지 물어보자.

일이란 돈을 벌기 위한 하나의 수단이기 이전에 내 삶이다. 따라서 내 삶을 떠나 직업을 생각할 수는 없다. '일'은 나의 문제이고, 그것은 결국 '어떻게 살아야 하느냐'의 문제로 귀결된다.

나는 남들과 무엇이 다른가?

나는 무엇으로 이 세상에 꼭 필요한 사람이 될 것인가?

나의 어떤 점들이 타인의 관심을 이끌어내는가?

자신에게 끊임없이 이와 같은 질문을 던지는 사람만이 진정한 삶의 주인이 될 수 있다. 그렇지 않은 사람들은 세상의 객체로 전락할 수밖에 없으며, 그는 노예의 삶을 살 수밖에 없다.

자신의 강점을 활용하는 사람은 쉽게 피로해지지 않는다. 남들은 어렵고 불편하게 느끼지만 자신은 쉽고 편안하게 느끼는 것이 있을 것이다. 그것이 바로 나만의 강점이다.

물론 남들과 다르다는 이유만으로 꼭 필요한 사람이 되는 것은 아니다. 하지만 꼭 필요한 사람이 되는 유일한 방법은 남들과 달라지는 것이다. 남들과 다를 것이 없다면 무수한 사람들 중 한 명에 불과할 뿐이다.

나만의 재능을 디자인하다

김민희
36세, 여행 칼럼니스트

당신의 꿈은 뭔가요?

많은 사람들이 "당신은 꿈이 뭔가요?"라고 물으면 선뜻 대답을 하지 못하고 머뭇거린다. 특히 전업 주부들이 그렇다. 그들도 어린 시절엔 분명 꿈이 있었을 것이다. 하고 싶은 일도 많았을 것이다. 하지만 결혼을 하고, 아이를 낳고 키우면서 점차 자신의 꿈을 잃어 간다. 꿈이 없으니 목표도 없고, 무언가를 이루기 위해 도전할 생각 도 하지 않는 것이다. 나도 마찬가지였다. 생활에 치여 꿈은 아주 특별한 사람만이 가지는 것이라 생각했다.

그런 내가 다시 꿈을 갖게 된 것은 자기계발 전문가인 이숙영 선 생님을 만난 후부터였다. 방사선과를 졸업하고 병원에 취업해 5년

째 일하고 있던 나는 우연한 기회에 선생님의 강의를 듣게 되었다.

당시 나는 많이 힘들고 지쳐 있었다. 전공을 살려 취직만 한다면 행복할 줄 알았는데 실상은 그렇지 않았다. 마치 하루하루가 전쟁 같다는 생각이 들었다. 출근하기 위해 매일 아침 일찍 눈을 떠야 하고, 하루해가 저물 때까지 같은 공간에 있어야 한다는 것이 나를 숨 막히게 했다. 내가 있는 공간에는 창문도 없어서 날씨가 맑은지, 비바람이 부는지조차 알 수 없었다. 답답했다. 짜증은 점차 늘어났고, 덩달아 술자리도 늘어났다. 퇴근 후에 친구들과 만나 술이라도 한잔해야 답답한 마음이 풀렸던 것이다.

나는 무엇을 좋아하는지, 어떤 삶을 살고 싶은지 진지하게 따져 보고, 고민해 보지 않은 채 단지 취업이 잘 된다는 이유만으로 방사선과에 들어갔다. 그리고 방사선사 면허증을 땄기 때문에 졸업 후 자연스럽게 병원에 취직을 했다. 내가 바라던 생활이 시작된 것이다.

그러나 매일 같은 업무를 반복하고, 통증 때문에 예민할 때로 예민해진 환자들을 대하는 일은 결코 쉽지 않았다. 더군다나 IMF로 인해 최소한의 인원만 근무하고 있어서 내 전공이 아닌 다른 업무까지 해야 했다. 그렇다고 함부로 직장을 옮길 수도 없는 노릇이었다. 직장을 옮긴다고 해서 상황이 나아지리란 보장도 없었다.

'돈 벌기가 어디 쉽나? 그리고 돈 버는 일 중에 즐거운 게 어디 있겠어?"

나는 그렇게 스스로를 위로하며 하루하루 버텨나갔다. 매달 꼬박 꼬박 들어오는 월급도 나에게는 위안이 되었다.

하지만 마음 한편에서는 답답한 생활에서 벗어나고 싶은 욕망이 꿈틀거리고 있었다. 마치 내 자신이 월급에 얽매여 남의 눈치나 보고 사는 노예 같다는 생각이 들었다. 나는 마침내 결단을 내렸다.

'이건 아냐! 이렇게 질질 끌려 다니는 생활을 계속할 수는 없어! 아직 늦지 않았어. 나도 내 인생의 주인으로 사는 거야!'

나는 새로운 일을 찾기 위해서는 무언가를 배워야 한다는 생각에 문화센터 강좌 안내 전단지를 보았다. 그때 내 눈에 띈 것이 '월급쟁이를 CEO로 바꾸는 자기혁신' 이라는 강의 제목이었다. 나는 강하게 내 마음을 파고드는 그 제목에 이끌려 이숙영 선생님의 강의를 처음 듣게 되었다.

"지금 당장 자신의 재능이 어디 있는지 찾아보세요. 누가 시키지 않아도 자발적으로 즐겁게 할 수 있는 늘이 같은 일을 하세요. 그런 일을 하게 되면 그 분야에서 누구보다도 큰 성과를 낼 수 있고, 그러면 돈은 저절로 따라오게 됩니다. 사람들은 각자 고유의 재능을 타고납니다. 마치 취미생활을 하듯 즐겁게 일을 할 때, 또 그 일에 충분한 재능을 발휘할 때 자기도 모르는 새로운 일이 창조될 수 있습니다.”

그동안 수동적으로 살아왔던 나에게 선생님의 한마디, 한마디는 신선한 충격을 안겨주었다.

취미생활을 하듯 좋아서 하는 일이 나의 직업이 되고, 매일 그 일을 할 수 있다면 참으로 행복하지 않겠는가?

'그래! 바로 그거야! 그게 바로 내가 바라던 꿈의 직업이야!'

그때부터 나는 나의 내면을 진지하게 들여다보기 시작했다.

나는 무엇을 좋아하는가?

어릴 때부터 남달랐던 재능이 있었나?

내가 잘할 수 있는 일이 있을까? 있다면 그 일은 무엇일까?

여행과 글이 만나다

강의실을 나온 나는 집에 들어오자마자 책상 앞에 앉아 노트를 꺼냈다. 그리고 내가 무엇을 좋아하는지, 또 잘할 수 있는지 적어나갔다.

그러다 나는 내가 내 자신을 너무 모르고 있었다는 사실에 놀랐다. 부끄럽기도 했다. 그동안 나는 세상에서 가장 소중한 나에 대해 고민하기보다는 늘 다른 일에 관심을 두고 고민하며 살았던 것이다. 20대의 빛나는 시간을 매너리즘에 빠져 허우적거리며 보내고 있었던 것이다.

하지만 그런 나에게도 즐거웠던 순간은 있었다. 그것은 바로 낯선 곳으로의 여행이었다. 여행 계획을 짜고, 기차나 버스를 타고 훌쩍 떠나 낯선 곳을 돌아다니는 것이 좋았다. 물론 많은 사람들이 여행을 좋아할 것이다. 그러나 나는 여행담을 들려주는 것도 좋아했다. 내가 보았던 아름다운 장소, 맛있게 먹었던 음식 등 특별한 경험담을 다른 사람에게 들려주고 싶어 안달이 날 정도였다.

이런 사실을 아는 지인들은 여행을 떠나기 전에 나에게 여행지에 대해 물어왔고, 그러면 나는 신이 나서 내가 알고 있는 것을 모두 알려주곤 했다. 그러다 내가 알고 있는 사실을 말로만 할 게 아니라 글로 써보자는 생각을 하게 되었다.

나는 어렸을 때부터 글을 쓰는 것을 좋아했다. 초등학교 때는 글짓기대회에 나가 상도 꽤 많이 탔었고, 중고등학교 때는 소설을 쓴답시고 책상 앞에 앉아 노트에 글을 쓰며 뜬눈으로 밤을 새우기도 했었다. 또한 매년 1월 초에는 다이어리를 사서 꾸준히 일기를 썼다.

‘내가 좋아하는 여행과 글 쓰는 일을 동시에 할 수 있는 ‘여행 칼럼니스트’가 되면 얼마나 행복할까. 사람들이 나에게서 얻은 정보로 좀 더 즐겁고 편한 여행을 할 수 있다면 참으로 보람된 일 아닌가.’

그렇게 되면 여행은 더 이상 나 혼자만 즐기고 끝나는 여행이 아니었다. 사람들과 함께 나누는 여행이 되는 것이었다.

내가 여행 칼럼니스트가 되기 위해 처음 한 것은 여행 관련 사이트를 서핑하는 일이었다.

나는 부산에서 살았기 때문에 당연히 여행도 부산 중심으로 계획할 수밖에 없었다. 정보를 얻을 때도 마찬가지였다. 그런데 여행 관련 사이트에 나와 있는 정보들은 대부분 서울 중심으로 되어 있었다. 답답한 일이었다.

그러던 차에 부산, 경남 중심의 여행 사이트를 만나게 되었다. 반가운 마음에 운영자에게 나에 대해 설명하고 여행기를 풀어놓았다. 그러자 운영자가 자기와 생각이 비슷하니 사이트 운영에 도움을 달라는 제안을 해왔다. 다양한 경험을 하고 싶었던 나는 단번에 그의 제안을 받아들였다.

그 후 운영진이 구성되었고, 모임에 나가 보니 모두들 나와 생각이 비슷했다. 우리는 어떻게 하면 '부산, 경남 여행 커뮤니티'를 발전시킬 수 있을까, 하는 문제를 놓고 많은 이야기를 주고받았고, 직접 발품을 팔아 얻은 정보를 사이트에 올리기 시작했다.

나는 좀 더 알찬 정보를 얻기 위해, 더 아름다운 풍경을 카메라에 담기 위해 틈만 나면 여행을 떠났다. 여행에서 돌아온 후에는 글을 써서 사진과 함께 올렸다. 다들 직장생활을 하면서 리포터 활동을 했기 때문에 주말을 이용해 여행을 떠날 수밖에 없었다. 하지만 모두들 귀찮아 하거나 피곤해하지 않았다.

우리는 좀 더 멋진 일출이나 일몰 장면을 담기 위해 추위를 참으며 기다리고 또 기다리기도 했다. 우리가 더 멋진 장소를 찾아내서 소개한다면 많은 사람들이 그곳에 갈 것이고, 우리가 받았던 감동을 받을 수 있을 거라는 생각에 가슴이 벅찼다. 그렇게 만들어진 나의 여행기에 사람들이 공감하고, 감사의 뜻으로 남긴 글을 읽었을 때는 더욱더 힘이 솟았다.

사이트가 알찬 정보들로 풍성해지자 알음알음 찾아와 가입하는 회원들이 갈수록 늘어났다. 우리는 그들과 함께하기 위해 매달 아름다운 여행지를 선정해 테마여행을 떠날 계획을 세웠다. 남해는 특별히 내가 좋아하던 곳이어서 직접 진행을 맡기로 했다. 벌써 여러 번 다녀왔지만 많은 사람들을 인솔해서 떠나야 한다는 것이 두

럽기도 했다. 이래서는 안 되겠다는 생각에 차를 끌고 혼자 남해로 내려가 꼼꼼히 답사를 하며 연습도 했다. 덕분에 여행 당일 날 에는 자신 있게 가이드를 할 수 있었다.

내 열정이 사람들에게도 전해졌는지 즐거운 여행이었다는 내용의 후기가 많이 올라왔다. 무엇보다 사람들이 즐거워하는 모습을 보니 그동안의 나의 수고가 보상받는 느낌이 들어 짜릿했고, 행복했다.

물론 이 모든 일이 돈을 받고 하는 것은 아니었다. 하지만 좋아서 하는 일이었기에 돈을 떠나 즐겁게, 적극적으로 일할 수 있었다. 월급을 받으면서도 수동적으로 살았던 예전의 나와는 완전히 달라진 나를 발견하고 나도 놀랐다. 꿈과 열정이 생기다 보니 이제는 직장 생활도 활기차게 할 수 있게 되었다.

나는 경력을 쌓기 위해 여행 공모전에도 적극적으로 도전했다. 물론 첫 도전은 실패로 끝났다. 그러나 내 안의 열정은 사그라지지 않았다. 나는 쓰라린 마음을 훌훌 털어버리고 우연히 알게 된 카피라이터에게 도움을 청했다. 그녀도 여행을 좋아하고 사진을 좋아해서 홈페이지에 여행기를 올리고 있었는데 글이 그렇게 매력적일 수 없었다.

나는 그녀에게 간략하게 나를 소개하고, 공모전에 보냈던 글을 첨부 파일로 보내니 읽어보고 조언을 달라는 메일을 써서 보냈다. 사실 답장을 기대하고 보낸 것은 아니었다. 누가 만나본 적도 없는 사람의 부탁을 선뜻 들어주겠는가.

그러나 그녀는 며칠 후 따뜻한 조언이 담긴 메일을 보내왔다. 내용을 보니 내 글을 꼼꼼히 읽은 듯했다. 둘 다 여행을 좋아하고, 글을 쓰는 것을 좋아하고, 또 같은 여자라서인지 남처럼 느껴지지 않았다고 했다.

묘한 경험이었다. 나는 성격이 내향적이어서 모르는 사람에게 먼저 다가가지 못한다. 그런데 어디서 이런 용기가 생겼는지 모를 일이었다. 그때 나는 정말 내가 강하게 원한다면 도와주는 사람들이 생긴다는 생각을 했다.

그 후 제주여행 사이트에서 진행하는 여행 후기 이벤트에 글을 써서 보냈는데 운 좋게도 당선이 되었다. 기뻤다. 당선 경품으로 렌터카와 숙소 이용권이 제공되었고, 나는 그 해 가을에 꼭 한 번 다시 가보고 싶었던 제주도로 떠날 수 있었다. 이 모든 것이 내 재능에 대한 보상이라고 생각하니 마음이 뿌듯하기도 했다. 물론 작은 성공이었고, 작은 성취감이었지만 이런 성취감들이 또 다른 일에 도전할 용기를 불러일으키는 것 아닐까.

얼마 후에는 여행 잡지에서 주관하는 여행 공모전에도 당선이 되었다. 잡지에 실린 내 이름 석 자와 내 글과 사진을 보니 마치 꿈을 꾸는 것만 같았다.

긍정적인 생각이 행복을 만든다

이렇듯 생각하는 것만으로 그치지 않고 실제로 도전하고, 실패를 거듭하면서 나는 조금씩 성장해 나갔고, 공부가 중요하다는 것을 알게 되었다.

사실 예전의 나는 자기계발서를 그다지 좋아하지 않았다. 한두 권 읽고 나서는 그 얘기가 그 얘기인 것 같아 더 이상 읽을 필요를 느끼지 못했다. 하지만 꿈이 생기고, 목표를 향해 걸어가면서 자기계발 공부가 필요하다는 것을 절실히 느꼈다. 꿈만 찾으면 모든 문제가 해결될 줄 알았는데 아니었다. 꿈을 찾은 그때가 바로 출발점이었다. 수많은 상황이 나의 발목을 붙잡았고, 나를 시험대 위에 올려놓았다.

사랑하는 사람과의 만남, 그리고 결혼은 환상이 아니었다. 현실이었다. 그리고 결혼하는 순간부터 한꺼번에 여러 역할이 주어졌다. 나는 집안에서는 아내이자 며느리였고, 직장에서는 방사선사였다.

나는 여행 칼럼니스트가 되기 위해 쏟았던 열정들을 새로운 역할들에 나눠줄 수밖에 없었다. 주5일을 열심히 일하고 주말이면 보상받듯 여행을 떠났었는데 그것도 이제는 쉽지 않았다. 그러자 내 자신이 못마땅해지기 시작했고, 더 이상 발전하지 못할 것 같다는 생각에 초조해졌다.

그 무렵 아기가 생겼고, 아이를 낳은 후에는 역할도 하나 더 늘었다. 나는 이제 한 아이의 엄마였다. 그때부터 내 삶은 달라졌다. 출산휴가를 마치고 직장에 복귀한 나는 아기에게 늘 미안했다. 백일도 안 지난 아이와 떨어져 직장으로 향하는 내 발걸음은 무겁기만 했다. 다른 엄마들처럼 아이와 많은 시간을 보내지 못했던 나는 그에 대한 보상으로 주말이면 하루 종일 아기와 함께 지냈다. 내 개인적인 생활은 갖지 못했고, 가질 수도 없었다. 아기가 커가는 모습을 보면 행복했지만 열정적으로 여행을 다니고 산을 타고 글을 썼던 예전의 나를 생각하면 답답해졌다. 그때로 다시 돌아갈 수 없을 것 같아 불안하기도 했다.

그때 마침 여행 사이트 운영자가 그동안 하던 일을 접고 본격적으로 여행업을 시작했다. 열정적으로 일하는 그의 모습은 보기 좋았다. 여행 사이트의 규모는 갈수록 커져갔고, 이름도 널리 알려졌다. 그에 비해 나는 제자리걸음만 하고 있는 것 같아 우울했다. 물론 아이를 얻어 엄마가 된 기쁨과 감동은 그 무엇과도 비교할 순 없을 만큼 컸다. 하지만 꿈을 향해 걸어가는 내 발길을 막는 걸림돌처럼 느껴지는 것도 사실이었다. 그렇다고 여기서 멈추고 싶진 않았다. 나에게 주어진 상황을 바꿀 수 없다면 긍정적으로 생각해 보기로 했다.

'나는 아기 엄마가 되었고, 세상을 보는 눈도 달라졌다. 이런 경험도 나의 브랜드를 만들어가는 데 큰 힘이 될 것이다. 단순한 여행 칼럼니스트가 아니라 나만의 색깔을 지닌 여행 칼럼니스트가 될 수 있을 것이다. 지금은 그것을 찾아가는 시간이다.'

나는 예전에 가졌던 열정을 되찾기 위해 다시 자기계발 강좌를 듣고, 책을 읽으면서 나를 점검해 나갔다. 성격검사와 진로흥미검사 등은 나를 이해하는데 많은 도움이 되었다. 처음 강의를 들었을 때와 달리 그동안 쌓였던 경험이 강의 내용과 아우러져 나는 다시 한 번 내 꿈을 확고하게 다질 수 있었다. 나와 함께 강의를 듣는 꿈을 가진 사람들, 긍정적인 생각을 하는 사람들과의 만남은 나에게 힘과 용기를 불어넣어주었다.

'욕심이 열정보다 앞서면 당연히 스트레스를 받게 되어 있다. 행복해지려고 시작한 일인데 스트레스를 받아서야 되겠는가?'

그렇게 생각하자 마음이 한결 편해졌다.

나는 그때부터 아이의 눈높이에 맞춰 여행을 갔다. 아기와 엄마는 떼려야 뗄 수 없는 존재이니 당연한 일이었다. 아기랑 함께 할 수 있는 곳, 아기에게 아름다운 세상을 보여줄 수 있는 곳을 찾아갔고, 아기와 함께하며 즐거웠던 에피소드, 아이와 즐겁게 지낼 수 있는 노하우 등을 글로 써서 올리기 시작했다. 나와 같은 처지에 있는 엄마들에게 도움이 될 것 같았기 때문이었다. 아기와 함께 내가 하고 싶은 일을 할 수 있다는 것이 감사했고, 또 행복했다.

여행을, 인생을 디자인하다

나는 여행을 하면서 자연스럽게 사진에 관심을 갖게 되었다. 그런데 찍으면 찍을수록 더 멋진 작품을 만들고 싶다는 욕심이 생겨 카메라 장비를 사들이고, 잘 찍은 사진들을 보며 실력을 키워 나갔다. 분위기를 색다르게 표현하고 싶어서 후 보정도 공부했다. 사진은 내가 쓴 글을 더 돋보이게 할 수 있었고, 사진을 잘 찍는다는 것은 또 다른 강점이 될 수 있었다.

실제로 아이를 낳은 후 아기의 사랑스런 모습을 예쁘게 찍을 수 있어서 너무 좋았다. 하루가 다르게 커가는 모습을 혼자 보기 아까워 순간순간을 찍다 보니 멋진 성장 앨범이 만들어졌다. 나는 그 앨범을 아이가 컸을 때 선물로 줄 생각이다. 아이에게는 아주 의미 있는, 멋진 선물이 될 것이다.

자기계발 모임에서는 여행과 사진 분야를 맡아서 또 다른 경험을 쌓고 있는데 만날 때마다 사진을 찍다 보니 재미가 없었다. 배경도, 인물도 같았기 때문이다. 같은 사람, 같은 배경이라 할지라도 다르게 표현하고 싶다는 욕심이 생겼다. 그래서 동영상 편집 기술을 공부하며, 사진으로 동영상을 만들었다.

그 실력을 유감없이 발휘한 것은 아이가 첫돌을 맞이했을 때다. 나는 그동안 찍어놓은 아이 사진들을 모아 '성장 동영상'을 만들었다. 아이가 태어나서부터 걸음마를 하기까지의 모습을 보니 나도 모르게 눈물이 나왔다.

나는 가끔 지인들에게 아이 사진을 찍어달라는 부탁이나 동영상을 만들어달라는 부탁을 받고 한다. 그럴 때면 내 능력으로 누군가에게 도움을 줄 수 있다는 것에 또 다른 보람을 느낀다.

지금은 1인 미디어 시대다. 평범한 사람들이 여행 정보나 육아 노하우, 본인만의 요리 레시피, 집을 예쁘게 꾸미는 방법 등을 블로그에 올려 인기를 끌고, 입소문이 나서 유명해지기도 한다. 각 언론 매체에 그들의 블로그가 소개되기도 하고, 출판사로부터 책을 내보지 않겠냐는 의뢰도 받게 된다.

나는 이렇게 평범한 사람들이 자기가 좋아하는 일을 하며, 그 분야에서 성공하는 과정을 볼 때마다 자극을 받는다. 자기가 좋아서 하는 일이니 열정을 갖고 하게 되고, 그러다 보면 독특한 아이디어가 나와 남들 눈에 띌 수밖에 없다.

현재 나는 'travel design' 이란 블로그에 차곡차곡 나만의 정보를 올려놓고 있다. 나만의 색으로 여행을 디자인하고, 나의 인생도 멋지게 디자인하겠다는 의미에서 지은 이름이다. 물론 그 이름은 앞으로 바뀔 수도 있을 것이다. 하지만 지금처럼 바지런히, 그리고 꾸준히 정보를 올리면 블로그가 나를 알리는데 큰 역할을 해줄 것이다. 여기엔 나의 생각과 성장해 가는 내 모습이 고스란히 담겨 있기 때문이다.

5년 후의 나의 모습

나는 가끔 5년 후의 나의 모습을 상상하곤 한다.

여행공모전에서 입상을 한 후부터 여러 잡지사에서 원고를 써달라는 의뢰가 들어오기 시작한다. 나의 여행 사이트가 방송에 소개되어 방문자가 폭발적으로 늘어나고, 마침내 나만의 여행 에세이를 발간하게 된다.

그러던 어느 날 나는 세계여행을 떠나기 위해 배낭을 꾸린다. 공항에는 우리나라 최고 인기 아나운서가 방송국 직원들과 함께 나의 여행길을 소개하기 위해 나와 있다.

인터뷰를 마친 나는 비행기를 타고 프라하로 간다. 다음 날 나는 남편과 아이들 식사 준비로, 출근 준비로 분주했던 아침 시간에 노천카페에 앉아 차를 마신다. 카메라를 꺼내 주변의 아름다운 풍경을 찍고, 내가 사랑하는 사람들과 인생의 스승님에게 엽서를 쓴다.

전 지금 이곳에서 너무나 행복합니다. 감사합니다. 그리고 사랑합니다….

참으로 즐거운 상상이다. 상상하는 것만으로도 행복해서 저절로 웃음이 나온다. 지금이 꼭 그 순간인 것 같아 가슴이 벅차오른다. 그저 그런 일상이 아닌, 매일 가슴 뛰는 열정적인 삶을 살기 위해 나는 오늘도 사랑하는 사람에게 하듯 나의 꿈에 입맞춤을 한다.

I can do it, you can do it!

최정숙
45세, 메리케이코리아 SNSD

자신을 가져, 넌 할 수 있어!

나는 외환위기로 인생이 바뀐 사람 중 한 명이다.

남편은 결혼 전에 20여 년간의 건축 공무원 생활을 접고 건설회사를 설립했다. 남편의 사업은 예상보다 잘되었다. 돈도 많이 벌었다. 그러다 마른하늘에 날벼락처럼 IMF가 터졌고, 남편의 사업은 한순간에 무너지고 말았다. 그때 나는 둘째아이를 갖고 있었다. 임신 6개월이었다.

우리는 집을 팔고 통장에 있는 돈까지 모두 털어 빚을 정리했다. 그러고 나니 수중에 600만 원이 남았다. 나는 남편에게 어디 살고 싶으냐고 물었다. 남편은 한적한 시골집에서 살고 싶다고 했다.

우리는 여기저기 알아본 끝에 경주 불국사 근처 동방동에 보증금 400만 원짜리 사글셋방을 얻었다. 방을 계약하고, 이사를 하고 나자 겨우 100만 원밖에 남지 않았다.

수입이 없었던 우리는 그 돈으로 근근이 생활을 이어갔다. 참으로 막막한 시간이었다. 나쁜 일은 한꺼번에 몰려온다더니 해산달이 다 되어 병원에 가자 의사는 내가 골반이 열리지 않는 체형을 갖고 있어 제왕절개를 해야 한다고 말했다.

하지만 나는 병원비가 걱정이 되어 유도분만을 해달라며 고집을 부렸고, 유도분만 주사를 2번이나 맞았다. 그래도 진통은 오지 않았고, 더 버티다가는 아이가 위험하다는 의사의 말에 결국 수술을 할 수밖에 없었다. 돈 때문에 아이를 다른 세상에 보낼 수는 없었기 때문이었다.

수술을 받고 입원해 있는 동안 친정어머니에게 전화를 걸어 예쁜 딸을 낳았다는 말을 전하고 병원에 와달라고 부탁했다. 어머니가 혹시 병원비를 대주시지 않을까, 하는 바람이 있었던 것이다. 그러나 어머니는 병원에 와서 아이를 보더니 "못생겼다."는 말만 남기고 사위가 오기 전에 급히 떠나셨다. 결혼해서 잘 살기를 바랐던 엄마는 사위 얼굴도 보기 싫을 정도로 속이 많이 상하신 모양이었다.

기대했던 엄마는 그냥 가버리고, 어떻게 해야 좋을지 몰라 애를 태우고 있는데 남편 친구가 찾아와 두툼한 봉투를 내밀었다. 열어보니 병원비가 들어 있었다. 나도 모르게 눈물이 흘렀다. 나는 남편 친구에게 고맙다는 말만 되풀이했다. 그 말밖에 더는 할 말이 없었다.

그 후로 나는 딸아이 생일날에는 항상 그분에게 감사의 마음을 전한다. 여자들은 아이를 낳을 때 고마웠던 사람을 평생 기억한다고 하는데, 나 역시 그런 것 같다.

그렇게 아이를 낳고 집에 돌아온 나는 먹고살 걱정에 몸조리도 제대로 하지 못했다. 밥을 제때 먹지 못하니 젖도 잘 나오지 않았다. 체면 불구하고 친한 언니에게 쌀을 얻어다 밥도 여러 번 해먹었다.

'더 이상은 안 되겠어. 무슨 일이든 해야겠어!'

나는 이제 세 살인 큰아이 정복이와 갓 세상에 나온 둘째아이 소영이에게 부모로서의 책임과 의두를 다하지 못하는 것이 너무 미안하고 부끄러워 어떻게 해서든 돈을 벌어야겠다는 생각을 했다. 그 일은 남편이 아닌 내가 해야 했다. 사업 실패로 큰 충격에 빠져 있는 남편에게 돈을 벌어 오라는 말은 차다 할 수 없었다. 그것은 곧 죽으러 가라는 말과 마찬가지였기 때문이었다.

그때 평소 알고 지내던 분의 권유로 입사한 회사가 바로 메리케이코리아다. 처음에는 화장품을 방문 판매해야 한다는 얘기를 듣고 '과연 내가 할 수 있을까?' 하는 생각에 덜컥 겁이 났다.

나는 결혼하기 전에 헤어디자이너로 일한 적이 있긴 하지만 결혼한 후에는 줄곧 가정주부로 살았다. 또한 나에게는 사회생활, 특히 영업을 하기에는 치명적인 결함이 있었다. 태어날 때부터 성대에 문제가 있어서 발음을 정확하게 할 수 없었던 것이다.

7세 때 처음 수술을 받은 나는 결과가 좋게 나오지 않아 15세 때 두 번째 수술을 받았다. 그래도 여전히 발음이 부자연스러워 23세 때 세 번째 수술을 받았고, 27세 때 더 이상은 위험하다는 의사의 만류를 뿌리치고 네 번째 수술을 받았다.

하지만 네 번이나 큰 수술을 받았음에도 불구하고 목소리는 정상인들처럼 나오지 않았다. 오히려 수술하는 도중 떨림판이 손상돼 발음이 샜다.

그러다 보니 남들 앞에서 말을 하는 것이 두려웠고, 좀처럼 사람들과 사귀지 못했다. 어렸을 때 아이들에게 놀림을 받은 후부터 입을 다물고 살아 벙어리라는 오해를 받기도 했다. 부정확한 발음이 나를 사교성 없고, 수줍음 많고 내성적인 사람으로 만든 것이다.

그래도 가정을 책임질 사람은 나밖에 없다는 생각에 떨어지지 않는 발걸음을 이끌고 부지런히 고객을 만나러 다녔다. 하지만 좀처럼 성과는 오르지 않았고, 나는 차츰 지쳐갔다. 경비원에게 막혀 아예 건물 안으로 들어가지 못하는 일도 있었고, 간신히 들어가서 화장품을 판매하는 동안 경비원에게 쫓겨나기도 했다. 거절도 밥 먹듯이 당했다. 친척들마저 내 전화를 피할 정도였다.

그때 나에게 용기를 불어넣어 준 것은 바로 아이들이었다. 일을 마치고 파김치가 되어 집에 돌아온 어느 날, 아이들의 반짝이는 눈을 보자 갑자기 힘이 솟아올랐다.

'내가 왜 자신 없어 하는 거지? 넌 할 수 있어! 너에겐 아이들이 있잖아. 아이들에게 해주고 싶은 것도 많잖아!'

마침내 핑크 벤츠의 주인이 되다

나는 다음 날부터 일 잘하는 분들을 따라다니며 그들의 노하우를 눈으로 보고, 몸으로 배웠다. 사람들은 흔히 '아는 것이 힘'이라고 말한다. 그러나 내 생각은 다르다. 아는 것만으로는 결코 힘이 될 수 없다. 아는 것을 실천할 때 비로소 힘이 된다.

나는 보고 배운 것들을 곧바로 실천에 옮겼다. 나도 그들처럼 잘할 수 있다는 믿음을 가지고 구두 굽이 닳도록 부지런히 거리를 돌아다니며 처음 만나는 사람들에게 손 마사지를 해주었고, 샘플을 나누어주었고, 연락처를 받아 적었다. 예뻐진 손을 보고 만족하는 사람들에게는 제품 소개 책자를 주었다. 그리고 사무실, 병원 등 눈에 보이는 곳은 무조건 찾아갔다.

돌이켜보니 참으로 많은 사람들을 만난 것 같다. 나는 차츰 사람들에게 익숙해지기 시작했고, 그들로부터 '성실한 사람' '믿음이 가는 사람'이라는 인정을 받기에 이르렀다. 메리케이 화장품을 사용해 본 사람들은 그것이 좋은 제품이라는 것을 알았고, 그 순간부터 판매는 쉽게 이루어졌다.

덕분에 입사하고 디렉터가 되는 과정을 밟는 중에 2개월 동안 총 판매 실적 1억 6000만 원을 달성했고, 4개월 만에 디렉터가 되었다. 2개월이라는 짧은 기간 안에 그와 같은 판매 실적을 올린 사람은 그동안 아무도 없었다. 이 기록은 아직까지 깨지지 않고 있다. 당시 나는 판매 실적과 영업 실력을 인정받아 특별 케이스로 댈러스 본사에서 열리는 신규 디렉터 교육을 받게 되었다. 나에게는 더 많은 것을 보고 배울 수 있는 좋은 기회였다.

내 성공 비결은 사람들과 맺은 인연을 소중하게 여겼다는 것에 있다. 한번 인연을 맺은 사람은 평생 동안 만날 생각이다. 그러니 그들을 진심으로 대할 수밖에 없지 않겠는가. 진심은 반드시 통하게 되어 있다.

그 후로도 실적은 갈수록 늘어 2004년, 2005년 연속으로 국내 세일즈 퀸이 되었고, 2006년에는 아시아 8개국 전체 세일즈 퀸이 되었다. 마침내 메리케이 화장품에 근무하는 모든 직원이 받길 원하는, 핑크 벤츠의 주인이 된 것이다.

많은 사람들이 알고 있듯이 메리케이 화장품은 최고의 세일즈우먼에게 핑크 캐딜락을 준다. 우리나라는 미국과는 달리 직급에 따라 NF 소나타, 핑크 그랜저, 핑크 벤츠를 주는데, 워커힐호텔에서 분기별로 시상식을 열고 수십 대씩 시상한다.

한편 미국 댈러스 본사에서 열리는 시상식은 그 기간이 20여 일이나 되고, 참석 인원은 3만 명에 이른다. 각기 다른 35개국에서 온 최고의 세일즈우먼들이 실적에 따라 핑크 캐딜락, 왕관 보석 반지, 다이아몬드가 박힌 땅벌 핀, 부부 동반 유럽여행 티켓을 받는다. 이때 지급되는 수많은 핑크 차량으로 댈러스는 핑크 물결을 이루고, 메리케이의 도시가 된다. 다이아몬드를 주는 시상식의 하이라이트는 '메리케이 어워드 나이트'로, 그날 밤의 분위기는 마치 아카데미상 시상식장과도 같다.

나는 2006년, 입사 4년 만에 최고의 내셔널 세일즈 디렉터가 되어 그 자리에 갔다. 사회자가 내 이름을 부르는 순간, 나는 기쁘고

벅찬 마음에 벌떡 일어서긴 했지만 몸이 떨려 한 발짝도 걸을 수 없었다. 눈을 감고 숨을 내쉬며 간신히 마음을 가라앉힌 후 천천히 무대 위로 올라갔다.

무대에 서자 마치 천국에 온 듯한 느낌이었다. 객석에 앉아 있는 수많은 관객들이 나를 쳐다보았고, 무대에서는 미국 최고의 뮤지컬 배우들이 일렬로 서서 나에게 축하의 박수를 보내주었다. 나는 여우주연상을 수상한 여배우처럼 한껏 들떠서 무대에 오른 각국의 NSD National Sales Director들과 뮤지컬 배우들과 함께 춤을 추며 노래를 불렀다.

그때를 생각하면 지금도 가슴이 벅차다.

나는 2006년, 핑크 벤츠의 주인공이었다.

당신은 더 잘할 수 있습니다

나는 핑크 벤츠의 주인이 된 2006년부터 지금까지 회사에 새로 들어온 뷰티 컨설턴트들과 기존 디렉터들을 대상으로 세일즈 교육 및 동기부여 강의를 해오고 있다. 그 외에 은행, 보험회사, 세일즈 관련 기업 등에서 강연과 세미나 등을 하고 있다. 2008년도에는 틈틈이 써온 글들을 모아 『핑크 벤츠를 모는 여자』라는 자서전을 출간하기도 했다.

이처럼 1년에 수없이 많은 강의를 하지만 목소리와 발음이 이상

하다는 지적을 받는 일은 거의 없다. 성대 문제를 극복하려고 수없이 많은 연습을 한 덕분이다. 물론 입안이 온통 수술 자국이라 말을 많이 하면 조금 부담이 되는 것은 사실이다. 하지만 나는 이 일을 즐거운 마음으로 하고 있다. 그래서인지 전혀 힘들지 않다.

메리케이코리아에 들어와 뷰티 컨설턴트로 일하려는 사람들은 대부분 사회생활을 해본 경험이 전혀 없거나 결혼한 후 회사를 그만두고 오랫동안 집안일만 해온 전업주부다. 따라서 그들에게는 공통점이 있다. 경험이 없거나 직장을 다닌 지 오래된 탓에 일에 대해 막연한 두려움을 가지고 있는 것이다.

창업자 메리케이 애시가 화장품 판매원들을 전문적인 뷰티 컨설턴트로 성장시켜 핑크 벤츠를 몰고 다니는 커리어우먼으로 변화시킨 것처럼 나도 그들이 자신의 잠재력을 마음껏 발휘하여 경제적으로도 성공할 수 있도록 돕고 싶다. 지금 그들이 얼마나 답답하고 막막할지 누구보다 잘 알고 있기 때문이다.

한 남자의 아내로, 두 아이의 엄마로, 또 며느리로서의 역할까지 하며 비즈니스에 전념한다는 것은 정말 힘든 일이다. 사회생활을 하다 보면 정신없이 바쁜 시간에 아이들이 전화를 걸어 빨리 오라며 울면서 떼를 쓸 때도 있을 것이다. 남편이 파김치가 되어 집에 들어온 사람을 붙들고 엉망이 된 집안 꼴 좀 보라며, 도대체 뭘 하느라고 매일 늦게 들어오느냐고 따질 때도 있을 것이다. 노환이 와서 병원에 자주 다니시는 시부모님이나 친정 부모님이 얼굴 보기 힘들다며 섭섭한 마음을 토로할 때도 있을 것이다. 그럴 때면 내가 왜 이러고 다니는지, 회의가 들고 모든 것을 포기하고 싶어질 것이다.

하지만 힘든 것은 잠시다. 참고 견뎌야 한다. 당장 힘들다고 포기해 버리면 상황은 더 암담해진다. 분명한 사실이다.

이렇게 생각하면 어떨까. '내가 성공해야 남편과 아이들이 행복해질 수 있다. 내가 성공해야 시부모님과 친정 부모님을 더 잘 모실 수 있다. 그날은 반드시 올 것이다. 나는 해낼 수 있다.' 라고.

내가 그렇게 했고, 마침내 해냈다. 지금, 예전의 나처럼 힘든 상황에 처해 있는 사람들에게 꼭 해주고 싶은 말이 있다.

"성대 장애가 있는 나도 해냈습니다. 그러니 당신은 나보다 더 잘해 낼 수 있습니다. 세상을 향해 멋진 도전을 시작하십시오!"

메리케이의 성공원칙

1 당신은 행운아입니다

2 꿈꾸는 사람이 되십시오

3 최선을 다하십시오

4 지금 당장 시작하십시오

5 열정적인 사람이 되십시오

6 실패를 두려워하지 마십시오

7 당신은 위대한 능력을 가지고 태어났습니다

8 신념을 가지십시오

9 다른 사람을 배려하십시오

10 꿈을 키워가십시오

메리케이의 4대 기업가치

1 고-기브정신(타인에 대한 조건 없는 배려와 도움의 정신)

2 골든룰법칙(자신이 대접받기를 원하는 것처럼 남을 대하라)

3 개개인이 중요한 사람이라는 것을 깨달아라

4 삶의 우선순위를 믿음/가족/일에 두고 삶의 균형을 맞춰라

메리케이 기업사명 : '여성의 삶을 풍요롭게'

나는 배웠다.
내가 아무리 마음을 쏟아 다른 사람을 돌보아도
그들은 때로 보답도 반응도 하지 않는다는 것을
신뢰를 쌓는 데는 여러 해가 걸려도,
무너지는 것은 순식간이라는 것을.

나는 배웠다.
삶은 무엇을 손에 쥐고 있는가에 달린 것이 아니라,
믿을 만한 사람이 누구인가에 달려 있다는 것을.
우리의 매력이라는 것은 15분을 넘지 못하고,
그다음은 서로를 알아가는 것이 더 중요하다는 것도.

나는 배웠다.
다른 사람의 최대치에 나 자신을 비교하기보다는
내 자신의 최대치에 나를 비교해야 한다는 것을.

그리고 또 나는 배웠다.
삶은 무슨 사건이 일어났는가에 달린 것이 아니라,
일어난 사건에 어떻게 대처하느냐에 달려 있다는 것을.
무엇을 아무리 얇게 베어낸다 해도 거기에는 언제나
양면이 있다는 것을.

- 오마르 워싱턴의 「나는 배웠다」 중에서

PART 04

소통의 능력을 더하라

'눈먼 자아'에서 '열린 자아'로

'변화 자기계발 전문가.'

2002년, 내가 나 자신에게 붙여주었던 첫 번째 타이틀이다. 당시 나는 자기계발에 대해 다음과 같은 생각을 하고 있었다.

자기계발이란 진정한 자기로 돌아가는 것이다. 자신의 단점을 고치는 것이 아니라 자신의 강점을 찾아내고, 집중적으로 투자함으로써 자신을 다른 사람과 차별화시키는 것이다.

단점에 투자하면 우리는 그저 평범한 사람이 될 뿐이다. 하지만 강점에 투자하게 되면 우리는 자신의 분야에서 탁월한 전문가가 될 수 있다. 아주 평범한 삶에서 출발했더라도 3년에서 5년 정도 자신에게 투자하면 누구든 전문가가 될 수 있다. 자신의 가치를 급상승

시키고 싶다면 강점을 찾는데 먼저 투자해야 한다. 그러면. 인생이 달라질 것이다.

나는 강연이나 글을 통해 그 생각을 사람들에게 열정적으로 전했다. 그런데 언제부턴가 자기계발보다는 '소통'이란 단어가 더 좋아지기 시작했다. 능력은 좀 떨어지더라도 사람들과 관계를 잘 맺는 사람들이 매력적으로 다가왔다. 능력은 뛰어나지만 사람들과 관계를 잘 맺지 못해 자신의 능력을 제대로 발휘하지 못하는 사람들을 보면 참 안타까웠다.

내가 아는 어떤 분은 '저런 사람이 어떻게 자기 사업을 할까?' 싶을 만큼 멋대로 일을 한다. 무책임하게 말을 내뱉고, '내가 하기 싫으면 안 한다.' 는 식의 논리를 일에 적용시킨다. 유아기적인 사고가 아닐 수 없다.

또 어떤 사람은 소통능력을 키우고 싶다고 입버릇처럼 말하면서도 끊임없이 자신이 소통하지 못하는 이유에 대해 변명을 늘어놓는다. 그런 사람에게는 정말 소통하고 싶은 마음이 있는 건지 묻고 싶어진다.

그들에게 필요한 것은 일이 아니다. 먼저 자신이 어떤 사람인가부터 알아야 한다. 그것이 바로 소통의 첫 단계다. 자기 자신과도 소통할 수 없는 사람이 어떻게 다른 사람들과 소통할 수 있겠는가?

소통을 한마디로 정의하면 '타인과의 관계 맺기'라고 할 수 있다. 그 관계 맺기를 통해 우리는 상대방의 자아를 인정하고 또 인정받는다.

소통의 주체가 되는 자아에는 크게 4가지가 있다.

첫째는 나도 알고 남도 아는 '열린 자아open self'다.
둘째는 나는 모르는데 남은 아는 '눈먼 자아blind self'다.
셋째는 나는 알지만 남들은 모르는 '숨겨진 자아hidden self'다.
넷째는 나도 모르고, 남도 모르는 '미지의 자아unknown self'다.

이 중에서 네 번째 미지의 자아는 무의식 속에 묻혀 있어 인식하기 어려우니 다른 세 가지 자아를 가지고 이야기해 보자.

사람들은 저마다 억압된 경험과 방어 기제를 갖고 있다. 따라서 타인들의 눈에는 뻔히 보이는데도 자신의 눈에는 보이지 않는 눈먼 자아가 존재하기 마련이다.

그렇다면 '눈먼 자아'에서 '열린 자아'로 나아가는 방법은 무엇일까?

그것은 바로 타인들의 피드백을 통해 자신을 알아나가는 것이다.

그러기 위해서는 자신에 대한 타인의 말을 귀 기울여 들어야 한다. 그리고 숨겨진 자아에서 열린 자아로 나아가기 위해서는 자신을 드러내 보여야 한다.

다시 말해 건강한 소통의 방향은 나는 모르는데 남들은 아는 눈먼 자아로부터, 나는 알고 남들은 모르는 숨겨진 자아로부터 나도 알고 타인도 아는 열린 자아로 나아가는 것이라고 할 수 있다.

서로에 대해 잘 알게 되면 상대를 더 많이 배려할 수 있게 되고 더 잘 이해할 수 있게 된다. 그러다 보면 상대가 편안해지면서 아무에게도 털어놓지 못했던 마음속 이야기까지 털어놓게 된다. 눈빛만 봐도 상대가 무엇을 말하고자 하는지 알게 되고, 그가 하는 일을 도와주고 싶은 마음도 저절로 생기게 된다. 결국 진정한 소통은 인간관계뿐만 아니라 일도 성공적으로 성취할 수 있게 도와준다.

아무리 능력이 뛰어나고 재능이 풍부해도 타인과 소통할 수 없는 사람은 능력을 발휘하기도 전에 사회에서 왕따가 될 것이다.

언어는 힘이 세다 :
멋진 언어로 소통의 귀재가 되자

첫인상은 좋았는데 대화를 나눌수록 호감도가 떨어지는 사람이 있는 반면 첫인상은 별로였지만 이야기를 나눌수록 빨려드는 사람도 있다. 왜 그런 것일까? 가장 큰 이유는 바로 그들이 사용하는 언어에 있다고 해도 과언이 아니다.

언어는 생각을 표현하는 도구이다. 따라서 사용하는 언어를 자세히 들어보면 그 사람의 생각까지 엿볼 수 있다. 이런 말도 있지 않은가.

"생각을 조심하라! 왜냐하면 생각이 말이 되기 때문이다. 말을 조심하라! 왜냐하면 말이 행동이 되기 때문이다. 행동을 조심하라!

왜냐하면 행동이 습관이 되기 때문이다. 습관을 조심하라! 왜냐하면 습관이 인격이 되기 때문이다. 인격을 조심하라! 왜냐하면 인격이 인생이 되기 때문이다."

이처럼 언어 선택을 얼마나 잘 하느냐에 따라 우리의 인생은 얼마든지 바뀔 수 있다.

언어를 선택하는데 있어 명심해야 할 것은 나쁜 언어는 처음부터 사용하지 말아야 한다는 것이다. 예를 들어 차가 꽉 막혀 1시간이 넘도록 움직이지 못했을 때 화를 참지 못하고 '아이 씨!' 라는 거친 단어를 내뱉었다고 하자. 그러면 다음에 비슷한 상황을 맞이했을 때는 그 말이 더 쉽게 나온다. 부정적인 언어는 사용할수록 생각을 점점 더 부정적으로 만들어 비슷한 상황에 처할 때마다 점점 더 심한 욕을 내뱉게 된다. 그러면서 우리의 뇌는 부정의 언어로 프로그래밍되어 간다.

때문에 어떤 상황에서든 부정적인 언어는 가급적 사용하지 않는 것이 좋다. 처음부터 부정적인 언어가 입 밖으로 나오지 않도록 조심해야 한다. 그래야 부정의 언어가 프로그래밍되기 전에 단절시킬 수 있다. 부정의 언어는 부정적인 감정을 이끌어낸다. 그 감정은 자신과 타인을 갉아먹는 좀 벌레 같은 존재다.

스스로에게 던지는 질문도 마찬가지다.

"나에게 도움이 될 만한 일은 뭘까?"

"내가 배울 점은 뭘까?"

"어떻게 하면 상대와 나 둘 다 윈윈할 수 있을까?"

"내가 책임질 일은 뭘까?"

"지금 내가 할 수 있는 최선의 일은 뭘까?"

등등의 긍정적인 결론을 도출해 낼 수 있는 긍정의 질문을 던져야 한다. 그래야 인생을 행복하고 풍요롭게 살 수 있다.

"내가 뭘 잘못했지?"

"왜 이렇게 형편없는 낙오자가 되었을까?"

"그들은 왜 그렇게 어리석을까?"

"내가 어쩌다 이런 최악의 상황에 빠져 옴짝달싹 못하게 된 걸까?"

"그들은 왜 날 괴롭히는 걸까?"

등등의 부정적인 질문은 나를 점점 더 부정적인 사람으로 만들 뿐이다.

우리의 인생은 선택의 연속이라 해도 과언이 아니다. 그런데 중요한 것은 무엇을 선택하느냐는 바로 나 자신에 달렸다는 사실이다. 하지만 대부분의 사람들은 자신이 선택한 길을 스스로 바꿀 수 있는 능력이 자신에게 있다는 것을 깨닫지 못하는 듯하다.

우리는 누구를 만나든 다시 보고 싶은 사람이 되어야 한다. 그것은 하루아침에 되는 일이 아니다. 보고 싶은 사람이 되려면 무엇보다 먼저 사용하는 언어에 신경을 써야 한다. 때때로 상대의 말투나 언어 때문에 기분이 상할 때가 있지 않은가. 그 순간을 떠올려본다면 언어에 신경을 쓰는 일이 충분히 가치가 있음을 알 수 있을 것이다.

우리가 흔히 사용하는 말 중에는 다른 사람을 비판하는 결점의 언어들이 많다. 그것들을 미덕의 언어로 바꿔서 사용해 보자. 그것만으로도 사람들은 당신을 좋아할 것이다.

예를 들어 '산만하다.'는 '활발하다.'로 미덕의 언어로 바꿔서 사용할 수 있다. '이기적이다.'는 '자기를 아낀다.'로, '변덕스럽다.'는 '유연하다.'로, '열등감 있다.'는 '겸손하다.'로, '소심하다.'는 '신중하다.'로, '잘난 척한다.'는 '자기 긍정적이다.'로, '따진다.'는 '분석적이고 논리적이다'로, '건방지다.'는 '자신감 있다.'로 바꿔서 말할 수 있다.

자기도 모르게 습관처럼 사용하던 비판적인 결점의 언어들을 미덕의 언어로 바꿔 사용하는 것만으로도 우리의 인간관계는 급속도로 달라질 것이다. 언어에는 힘이 있다. 더군다나 미덕의 언어에는 아름다운 인간, 아름다운 세상을 만들 수 있는 힘이 있다.

참고로 린다 캐벌린 포포프와 댄 포포프, 존 캐벌린이 창안한 인성교육 프로그램 버츄프로젝트에서는 52가지 미덕의 언어, 즉 '감사, 결의, 겸손, 관용, 근면, 기뻐함, 기지, 끈기, 너그러움, 도움, 명예, 목적의식, 믿음직함, 배려, 봉사, 사랑, 사려, 상냥함, 소신, 신뢰, 신용, 열정, 예의, 용기, 용서, 우의, 유연성, 이상 품기, 이해, 인내, 인정, 자율, 절도, 정돈, 정의로움, 정직, 존중, 중용, 진실함, 창의성, 책임감, 청결, 초연, 충직, 친절, 탁월함, 평온함, 한결같음, 헌신, 협동, 화합, 확신'을 활용하고 있다.

하지만 같은 단어라 할지라도 사용하는 사람에 따라 그 의미가 달라질 수 있기에 대화를 할 때는 신중히 언어를 선택해야 한다. 남들에게 내 말을 못 알아듣는다고 다그치기 전에 자신에게 먼저 '나는 내 의사를 제대로 표현했는가?' 물어야 할 것이다.

예를 들어 "나는 너를 사랑해."라는 말을 A라는 사람은 "너랑 같이 맛있는 저녁을 함께 먹고 싶다."는 의미로 사용할 수 있고, B라는 사람은 "너랑 결혼하고 싶다."는 의미로 사용할 수 있다는 것이다.

이로 인해 우리들은 살아가면서 자기 방식대로 상대의 말을 해석하는 오류를 범하곤 한다.

따라서 타인과 대화를 나눌 때, 진정한 소통을 하기 위해서는 맥락적 경청contextual listening을 할 필요가 있다. 입 밖으로 나오는 말뿐만 아니라 그 사람의 의도, 감정, 배경까지 이해하며 듣는 맥락적 경청은 가장 멋진 대화술이 아닐 수 없다.

곁에 두고 싶은 사람이 되라

행복은 사람들과 관계를 잘 맺으면 저절로 얻어진다

미국 드라마를 보다가 우연히 알게 된 사실이 있다. 암컷 바닷가재를 익힐 때는 뚜껑을 닫지 않아도 되지만 수컷 바닷가재를 익힐 때는 반드시 뚜껑을 닫아야 한다는 것이다. 왜냐하면 수컷 바닷가재들은 물이 펄펄 끓어 '우리는 이제 곧 죽는다!'는 인식을 하면 힘을 합해 사다리를 만들어서 모두가 밖으로 나갈 수 있도록 서로 도와주기 때문이다.

반면에 암컷들은 힘을 합치기는커녕 서로를 붙잡아 끌어내린다. '내가 죽으면 너도 죽어야 한다!'는 식이다. 인정하고 싶지는 않지만 우리 여성들에게도 비슷한 성향이 있다.

인간은 혼자서는 살아갈 수 없는, 동물 중에서 가장 늦게까지 미숙아로 남아 있는 존재다.

인간이 얼마나 미숙한지는 동물들의 새끼와 인간의 새끼를 들여다보면 단번에 알 수 있다. 아기는 처음 대면하는 사람 – 보통은 엄마이다 – 의 절대적인 사랑과 보살핌을 필요로 한다. 그래야 생존이 가능하기 때문이다. 태어나서 처음 만나는 사람과 소통이 이루어져야만 삶을 이어갈 수 있다고도 볼 수 있다.

그럼 어떻게 해야 사람들과 소통을 잘할 수 있을까? 답은 아주 간단하다. '늘 곁에 두고 싶은 사람'이 되어야 한다. 그렇다면 '늘 곁에 두고 싶은 사람'이란 어떤 사람일까?

첫째, 함께 어울릴 수 있는 팀워크 역량이 높은 사람이다.

팀워크 역량이 높다는 것은 타인의 말을 경청할 줄 안다는 뜻이다. 상대와 소통을 하려면 하고 싶은 말이 있어도 참고 먼저 상대의 말을 귀 기울여 들어야 한다.

또한 그들은 수컷 바닷가재처럼 어려운 상황에 처했을 때 전체를 생각하며 서로를 도울 줄 아는 사람, 더 나아가 함께 승리할 줄 아는 사람이다. 개인의 이익이 아니라 전체의 이익을 생각하고, 전체가 나아갈 방향을 우선으로 여기고 따라가는 사람들이다.

사람과 사람이 만나는 것은 서로의 모서리가 만나는 일이다. 우

리들은 각자 살아온 행동양식, 가치관, 삶의 자세, 사고하는 습관들
이 모두 다르다. 때문에 누구도 예외 없이 모서리 몇 개씩은 거느리
고 살아가는데, 그 모서리들이 서로 부딪치면서 깎이고 둥글둥글해
졌을 때 비로소 서로에 대한 신뢰가 쌓인다.

둘째, 충성스러운 사람이다.

사람들은 대부분 능력 있는 사람보다는 충성스러운 사람을 더
좋아한다. 비록 오해의 소지가 많은 단어이긴 하지만 '충성'은 관계
를 형성하는 데 있어서 그 무엇보다 중요한 덕목이라 할 수 있다.

충성을 바탕으로 형성된 관계는 우리에게 행복을 가져다준다.
'내가 너에게 네가 나에게, 부모가 자식에게 자식이 부모에게, 스승
이 제자에게 제자가 스승에게' 충성할 수 있는 마음은 진정한 사랑
에서 나오기 때문이다. 그런데 오늘날 직장 동료와의 관계는 물론
친구, 연인, 심지어 가족과의 관계마저도 그 끈이 너무 가늘어 금방
이라도 끊어질 것 같다. 안타까운 일이다.

사랑이 그렇듯 충성도 내가 먼저 주어야 한다. 내가 진심으로 상
대를 대하면 상대도 나를 진심으로 대하게 된다. 무엇보다 진심을
다하면 내가 변한다. 내가 변하면 모든 것이 변한다는 사실을 잊지
말자.

열정적인 사람은 에너지가 넘쳐서 보기만 해도 힘이 솟구치는 사람, 지치고 안주하고 싶은 마음이 들 때 떨치고 일어설 수 있는 용기를 주는 사람이다. 그런 사람을 곁에 둔다면 당신도 열정적인 사람이 될 수 있을 것이다.

에디슨은 필라멘트를 구하기 위해 100%의 확신을 가지고 물질을 구성하는 원자 수만큼이나 많이 남아 있는 방법들을 하나하나 시도해 나갔다. 참으로 대단한 열정이었다.

너무 힘들어 모든 것을 포기하려는 순간 "아직 시도해 보지 않은 방법이 많이 남아 있잖아! 너는 반드시 성공할 수 있어!"라고 말해 주는 사람이 곁에 있다면 시들어져가는 당신의 열정은 활활 타오를 것이다.

지속적인 열정을 갖기 위해서는 시간보다 에너지 관리를 잘해야 한다. 아무리 많은 시간이 주어졌다 한들 컨디션이 좋지 않으면 아무것도 할 수 없기 때문이다.

우리 모두는 행복하기 위해 태어났다. 행복은 사람들과 관계를 잘 맺으면 저절로 얻어진다. 사람들과 관계를 잘 맺으려면 상대가 나에게 서운하게 했던 것보다 잘해 준 것을 먼저 생각해야 한다. 그래야 미운 마음이 생기지 않고, 좀 더 편안하게 상대를 대할 수 있다. 사람들은 본능적으로 자신을 불편하게 만드는 사람을 좋아하지 않는다. 나이가 들어갈수록 더욱 그렇다.

소통의 방법으로 편지를 활용하라

사람은 사랑하는 사람의 행복에 기여하고 싶어 하는 본능이 있습니다. "사랑이 식었다."라고 말하지만 원래 사랑이 식은 것이 아닙니다. 사랑은 그 자리에 그대로 있고, 다만 관심이 멀어졌을 뿐입니다. 그러니 관심만 돌리면 그 사랑의 불을 다시 환히 밝힐 수 있는 것이지요.

- 이우성의 『정말 소중한 것은 한 뼘 곁에 있다』 중에서

사랑은 관심이고 표현이다. 말하지 않고, 표현하지 않고 내 마음을 어떻게 알릴 수 있겠는가. 정신과 의사 정혜신은 '나와 가까운 이들과의 관계에서 허탈감과 섭섭함을 느끼게 되는 건 누군가와의 관계에서 내 행동이 아니라 동기動機로 평가받으려는 마음이 앞설

때 나타나는 감정 현상'이라며 '대부분의 사람들이 자신의 행동은 동기부터 이해하고 다른 사람의 행동은 현상으로 판단하기 때문에 서로의 관계에서 과묵함을 바탕으로 동기로 평가받으려는 시도는 언제나 좌절될 수밖에 없다.'고 말한다.

우리나라 어른들은 표현력이 많이 부족한 것이 사실이다. 그래서 속으로는 깊은 사랑을 하면서도 겉으로 표현하는 것 자체를 어색해 한다. 그들은 사랑을 꼭 말이나 행동으로 표현해야 하냐는 생각을 가지고 있다. 반면에 요즘 젊은이들은 자신의 감정이나 의견을 매우 자유롭게 표현한다.

쑥스러워서, 말을 잘 못해서 사랑을 표현하기 어렵다면 편지를 활용해 보는 것도 좋은 방법이다.

다음은 대학교 1학년인 큰아들이 고2 때 쓴 편지인데 여기에 공개해 본다. 이 편지는 「엄마가 아들에게 쓴 편지」라는 제목으로 큰아들 학교 잡지에 실리기도 했다.

사랑하는 아들에게

동석아! 이 더운 여름날 방학인데 쉬지도 못하고 공부하느라 고생이 많구나! 힘들지?

이른 아침에 나가고 밤늦게 돌아오는 너의 모습을 볼 때마다 엄마의 마음은 늘 안쓰러움으로 가득하단다. 지각하지 않으려고 오르막길을 뛰어가다가 넘어지지는 않는지, 학교에서 밥은 제대로 먹는지, 공부가 지겨워 졸지는 않는지, 피곤하지는 않은지 엄마는 늘 걱정이란다.

편지를 쓰다 보니 문득 너를 임신했을 때가 생각나는구나!

임신했다는 사실을 알고 너무 기뻐서 아빠를 부둥켜안고 울었던 기억, 엄마 배 위에서 나를 쳐다보던 너와의 첫 만남, 세상 밖으로 나온 너를 안고 검사하러 다녔던 아빠…. 이 모든 순간이 아직도 생생하구나!

너는 태어나기 전부터 아빠, 엄마의 기쁨이고 희망이었단다. 그랬던 우리 아들이 고2라니 엄마는 믿어지지가 않는구나! 그동안 잘 커줘서 고맙다. 동석아!

하지만 너도 언젠가는 부모 곁을 떠나 홀로 살아가야 할 날을 맞이하게 될 거야. 그래서 인생을 먼저 산 엄마가 사랑하는 아들에게 몇 가지 당부의 말을 전할까 한다.

첫째, 자신의 인생은 스스로 선택하고, 그 선택에 대해 책임질 줄 아는 사람이 되라.

만화 주인공 '딜버트'를 창조해 전 세계 어린이들에게 많은 사랑을 받는 스콧 애덤스가 어렸을 때의 이야기야.

하루는 식사를 준비하던 어머니가 물었어.

"완두콩 먹을래, 옥수수 먹을러?"

어차피 통조림 음식, 그게 그거라고 여긴 스콧은 아무거나 달라고 대답했지. 그러자 어머니가 굳은 표정으로 말했어.

"결정할 때까지 밥 먹을 생각하지 마라. 인생은 결정의 연속이야. 모든 일의 99%는 중요한 게 아니란다. 당장은 중요한 것처럼 보여도 한 발 물러서서 보면 선택의 문제가 가장 크지. 그러니 넌 선택하는 법을 배워야 해."

스콧 애덤스는 이런 어머니 덕분에 예리한 직관을 지닌, 과단성 있는 사람이 될 수 있었다고 하는구나!

한 끼 식사를 무엇으로 할지 결정하는 것은 아주 사소해 보일 수 있는 일이야. 하지만 진로를 선택해야 하는 기로에 서 있다면 얘기는 달라지겠지?

선택하고 결단하는 데에도 훈련이 필요해. 그래서 평상시에 작은 것부터 선택하고 결단하는 훈련을 해야 하는 거야.

둘째, 직업을 선택할 때 선택의 기준을 돈에만 두지 마라.

직업은 매우 중요하단다. 대학을 졸업하고 취업을 하게 되면 대부분의 시간을 직장이나 일과 관계된 곳에서 보내야 하기 때문이야. 그런데 단순히 밥벌이를 해야 한다는 이유만으로 직업을 갖게 되면 삶이 너무 버겁고 초라해지지 않겠니.

엄마는 네가 '돈 많은 사람'이 되기보다는 '행복한 사람'이 되기를 바란단다. 자신이 하는 일에서 즐거움과 보람을 느끼고, 열정과 재능을 맘껏 발휘하면서 살았으면 해. 돈은 그 대가로 뒤따라오는 거야.

주위를 둘러보면 돈은 많지만 행복하지 않은 사람들을 종종 보게 돼. 그리고 더욱 아이러니한 것은 결국 그들은 자신의 행복을 찾는데 그 돈을 다 써버린다는 사실이야.

셋째, 목표를 정하고 공부하는 습관을 들여라.

무조건 공부를 하는 사람과 분명한 이유를 가지고 공부를 하는 사람은 결과 면에서 큰 차이가 날 수밖에 없어. ○○대학교 ○○과가 목표인 학생과 자신의 성적에 맞춰 아무데나 가겠다는 학생은 마음자세부터 다르지 않겠니? 특히 진로를 선택할 때에는 대학보다 전공에 더 많은 비중을 두어라.

"재능이 될 만한 내 끼와 특기는 무엇일까?",

"나는 어느 과목에 흥미를 느끼고 있는가?",

"남들보다 쉽게 성과를 내는 일은 무엇일까?"

등등에 대해 충분히 고민한다면 보다 쉽게 전공을 선택할 수 있을 거야.

고등학생 때 이런 과정 없이 점수로만 대학과 과를 선택해 들어가면 결국 너는 우왕좌왕하는 인생을 살게 될 거야.

지금 엄마가 부산대학교에서 강의를 하잖니?

고민의 과정 없이 대학에 들어온 너의 선배들이 결국 자신의 진로에 확신을 갖지 못해 좌절하고 전공에 집중하지 못하는 모습을 많이 봤단다. 심지어 졸업하고 취직까지 한 후에 '이 길은 나의 길이 아니야!' 라면서 원점으로 돌아가려는 사람들도 제법 봤어. 그런 사람들이 되지 않으려면 지금 이 순간을 좀 더 신중하게 보내야 할 거야.

젊음은 '도전'이야. 기성세대의 시스템을 무조건 받아들이는 것이 아니라 그 시스템을 좀 더 나은 방향으로 변화시킬 수 있는 가능성이고 희망이란다.

"그 나라에 대해 알려면 그 나라의 청년들을 보라."는 말이 있어.

네가 있기에 희망이 있는 가정, 네가 있기에 희망이 있는 학교, 더 나아가서는 네가 있기에 희망이 있는 나라가 되기를 엄마는 간절히 바란다.

코나투스를 감소시키는
관계는 냉정하게 끊어라

변화전문가이며 베스트셀러 작가인 안상헌은 『경영학보다는 소설에서 배워라』에서 무지와 무식의 차이점에 대해 다음과 같이 설명하고 있다.

무지無知와 무식無識은 다르다. 무지는 무엇인가를 알지 못한다는 말이다. 배우지 못했거나 아는 것이 적을 때 무지하다고 한다. 하지만 무식은 식견이 없다는 말이다. 식견이란 무엇이 옳고 그른지에 대한 판단을 가리키는 말이다. 무식은 사물의 이치와 순리를 모르기에 옳고 그름에 대한 판단력이 없다는 말이다. 우리나라 국보 제 1호는 무엇인가? 이 질문에 답을 하지 못하면 무지한 것이다. 숭례문이 국보 제1호라는 사실을 모르는 것은 무지에 가깝다. 반면 '가난한 사람은 게으르기 때문에 가난한 것이다.' 라거나 '돈이 없는 사람은 존중받을 가치가 없다.' 라는 식으로 생각하는 사람은 무식한 것이다. 자신의 경험에 기초한 단편적인 생각을 일반화시켜서 진리라고 믿어버리는 어리석음이 무식이기 때문이다. 그래서 무지하다는 말보다도 무식하다는 말이 더 도욕적인 말이라고 할 수 있다. 무지는 모르는 것이지만 무식은 아둔한 것에 가깝기 때문이다. 무식한 사람들은 자신의 생각이 전적으로 옳다고 주장하고 자신과 다른 의견을 만나면 배타적인 태도를 취한다. 그들이 위험한 것은 더 이상 새로운 것을 알려고 하지 않기 때문이다. 아니, 아는 것을 두려워하기 때문이다. 자신이 믿고 있는 것이 더 이상 진리가 아닐 수 있다는 것을 확인하는 것은 두려운 일이다. 때문에 그들은 새로운 생각과 지식을 두려워한다. 그들에게는 자신이 틀렸다고 말할 용기 또한 없다.

주변을 자세히 살펴보면 의외로 무식한 사람들을 많이 발견할 수 있을 것이다. 그들의 대표적인 특징은 아랫사람이 본인의 뜻대로 행동하지 않으면 소리부터 지르고 화를 낸다는 것이다. 상대의 이야기는 들으려고 하지 않는다. 본인 기분에 따라 상대를 대할 뿐 일관성도 전혀 없다. 그들은 감정 조절을 제대로 하지 못하는 사람들, 감성이 죽어버린 사람들이다. 그들은 잘 바뀌지 않는다. 본인이 무식하다는 것을 자각하고 변화하려는 노력을 하지 않기 때문이다.

인생을 좀 더 풍요롭게 살기를 원하는가? 행복이 가득한 삶을 원하는가? 그렇다면 그들을 바꾸는데 에너지를 사용하기보다는 나를 인정해 주고, 나에게 즐거움을 주는 사람, 소통의 의지가 있는 사람들과 마음껏 교류하고 사랑하면서 살아야 한다.

인생을 살아가는 '과정'은 매우 중요하다. 그 과정에 누군가와 상처만을 주는 관계가 맺어진다면 냉정하게 끊어버릴 필요가 있다.

스피노자는 코나투스힘가 사람의 본질이라고 보았다. 그는 '타인과의 관계에는 두 가지가 있다. 하나는 기쁨쾌활의 관계이고 다른 하나는 슬픔우울의 관계인데 기쁨의 관계는 코나투스힘가 증가한 것이고, 슬픔의 관계는 코나투스힘가 감소한 것'이라며 '기쁨의 관계를 가능하게 해주는 타인과의 만남은 끈질기게 지켜야 하고, 슬픔을 주는 관계에 있는 사람과는 빨리 헤어지고 정리해야 한다.'고 이야기했다. 다시 말해 기쁨이 생길 때마다 우리의 힘본질은 커진다는 것이다. 나에게 기쁨을 주는 사람과 함께 있으려는 궁극적인 이유는 '나의 기쁨을 지키기 위해서'이다. 그것은 희생이 아니다.

지금 만나는 사람은 당신의 코나투스를 증가시키는가? 아니면 감소시키는가?

코나투스를 감소시키는 사람이 끈덕지게 옆에 붙어 있다면 때려서라도 떼어내야 한다. 왜냐하면 관계를 계속 지속할 경우 꽃이 시들어가듯이 내 삶이 시들어가기 때문이다.

본질을 지키지 못하면 우리는 노예가 되고 만다. 슬프고 우울한 관계를 지속하는 삶이 바로 노예의 삶이다.

그런데 사람들이 끊어버리고 싶어 하는 존재가 만약 '당신'이라면 그것은 인생을 잘못 살고 있다는 증거이다. 그럴 경우 먼저 자신을 되돌아보아야 한다.

나는 자기 성찰에 도움을 주는 최상의 방법이 독서라고 생각한다. 책을 읽어라. 그리고 깨달아야 한다. 자신이 얼마나 무식한지, 자신에게 변화의 의지가 얼마나 남았는지. 그런 다음 무엇을 할지 정하고, 실천에 옮겨야 한다. 그래야 상대에게 기쁨을 주는 존재로 우뚝 설 수 있다.

소통의 장소, 커뮤니티에 가입하라

요즘 SNS가 대세다. SNS란 Social Network Service의 약자로 온라인상에서 이용자들이 기존의 인맥 관계를 강화하고, 또 새로운 인맥을 쌓으며 폭넓은 인적 네트워크를 형성할 수 있게 해주는 서비스를 말한다.

현재 최고의 주가를 자랑하는 SNS로는 트위터, 페이스북, 링크나우www.linknow.kr 등이 있는데 내가 주로 활용하는 SNS는 링크나우다. 링크나우 안에 있는 여러 클럽 중에서 1등 그룹인 커리어클럽의 대표이기도 한 나는 회원들과 친목을 도모하고, 비즈니스와 정보를 서로 공유해 나가고 있다.

이 책을 읽는 분들 중에 커리어클럽 회원이 있을지도 모른다. 아직 회원이 아닌 분은 링크나우에 들어가서 커리어클럽에 가입하기를 권한다. 새로운 소통의 장이 열릴 것이다.

커리어클럽은 커리어가 뛰어난 사람들만 회원이 될 수 있는 곳은 아니다. 커리어가 뛰어난 분들은 부족한 분들을 도와주고, 부족한 분들은 도움을 받아 커리어를 쌓고 성장하는 곳이다. 다시 말해 커리어클럽은 다양한 회원의 니즈를 데이터베이스화하여 성장을 돕는 것을 목적으로 한다.

클럽 활동을 하는 회원들의 목표는 각자 다를 수 있다. 어떤 이는 돈을 버는 것이 목표일 것이고, 어떤 이는 봉사활동이 목표일 것이고, 어떤 이는 경력을 쌓는 것이 목표일 것이다. 대표인 나는 회원들이 자신의 목적과 목표가 무엇이든 분명히 하고, 클럽 전체에게 알려 달성할 때까지 활동하도록 돕는 역할을 하고 있다.

나는 오늘도 혼자서는 달성하기 어렵고 불가능한 것도 함께하면 이룰 수 있다는 믿음으로 커리어클럽 회원들과 온라인, 오프라인에서 소통한다.

갈등이 키운 소통의 능력

이나겸

40세, 갈등조정전문가 · 에니어그램 강사

소통의 물꼬를 터준 '호박전 사건'

2009년도 통계청 자료에 따르면 '배우자와의 성격 차이'가 '경제문제'와 '배우자의 부정'을 밀어내고 46.6%의 비율로 이혼 사유 1위를 차지했다고 한다.

연애할 당시에는 참 멋져 보이던 상대의 성격이 결혼 후에는 이혼 사유로 돌변하는 것은 무슨 까닭일까?

나는 단연코 소통의 문제 때문이라고 본다. 우리 부부 역시 성격 차이로 오랫동안 갈등을 겪었지만 오히려 그 갈등이 소통의 능력을 키우게 된 계기가 되었다.

나에게 위기는 곧 기회였다. 당시 나는 남편과의 갈등을 해결해 나가면서 내 자신의 강점이 '소통'에 있다는 것을 알게 되었고, 그때 키운 소통의 능력으로 지금은 사람들 사이의 갈등을 조정하는 일을 하고 있다.

나는 밝고 활달하며, 조금 덜렁거리는 성격을 지니고 있다. 그런데 남편의 성격은 나와는 정반대로 차분하고 꼼꼼하며 세심하다. 연애를 할 때는 남편의 성격이 듬직하게 느껴지고, 매력적으로 보여 결혼까지 하게 되었다. 하지만 막상 결혼을 하고 보니 꼼꼼함이 지나쳐 너무 깊이 생각하는 바람에 번번이 좋은 기회를 놓쳐버리는 남편이 답답하게 느껴졌다.

남편은 사람을 믿지 못하고 모든 일을 혼자 다 해내려고 했다. 때문에 늘 바빴고, 일에 치여 힘들어 했다. 또 평소에는 양처럼 순했지만 화가 나면 야생의 늑대처럼 돌변했다.

시간이 지날수록 나와 남편의 성격 차이는 점점 더 뚜렷하게 나타나기 시작했고, 보이지 않는 갈등도 점점 더 커져갔다.

하지만 사람들은 여전히 우리를 사이좋은 잉꼬부부로 인식하고 있었다. 그것은 내가 아침에 눈뜨자마자 출근하고, 밤늦게 들어오는 바쁜 나날을 보내고 있었고, 대기업에 들어가 수년간 조직생활을 하면서 내키지 않아도 웬만하면 참고 넘기는 것이 습관처럼 되어버려 부부싸움을 거의 하지 않았기 때문이다.

우리 부부의 갈등이 표면으로 떠오른 것은 내가 12년 넘게 다니던 직장을 그만두고, 남편이 차린 돈가스 가게에서 함께 일하면서부터였다. 거의 하루 종일 붙어 있게 되자 그동안 몰랐거나 혹은 알면서도 모른 척했던 상대의 단점이 눈에 쏙쏙 들어왔고, 그러다 보니 짜증이 났던 것 같다. 서로 말 한마디 하지 않는 날도 있었고, 화난 얼굴로 가시 돋친 말을 내뱉어 서로에게 상처를 입히는 날도 있었다. 화해를 한답시고 마주 보고 앉아 대화를 나누기도 했는데 그때마다 오히려 갈등은 더 깊어졌다.

그러다 갈등의 원인이 어디 있는지 분명히 깨닫게 해준 '호박전 사건'이 터졌다.

비가 부슬부슬 내리는 어느 날이었다.

속이 좋지 않다며 아침을 누룽지로 때운 남편이 배가 고픈데 점심을 조금 일찍 해줄 수 있느냐고 호소하듯 말했다. 나는 뭘 만들까 고민하다 호박이 눈에 띄어 남편에게 물었다.

"오늘 점심에 호박전 해드릴까요?"

"좋지. 따뜻할 때 먹으면 죽이겠는데."

남편은 환한 얼굴로 입맛을 다시며 말했다. 나는 곧 부엌에 들어가 호박전을 만들기 시작했다.

잠시 후 홀에서 신문을 보던 남편이 맛있는 냄새가 풍기자 배고

품을 참을 수 없었던지 부엌으로 들어왔다. 남편은 노릇노릇 익어
가는 호박전을 보다가 갑자기 소리쳤다.

"이 프라이팬은 손님에게 나갈 요리할 때만 사용하는 거잖아요.
비싼 거라 조심해서 다루어야지 자칫 상처라도 나면 스테이크 할
때 눌러 붙는단 말이야. 에이 씨! 우리가 먹는 음식 할 때는 싼 프라
이팬 사용하라고 몇 번을 말했어요? 도대체 당신, 내 말을 뭐로 아
는 거야? 듣기는 하는 거야?"

남편의 험상궂은 표정과 거친 말투에 놀란 나는 다급히 프라이
팬 색깔이 비슷해서 착각했다고 변명했다. 그러나 남편은 여전히
화난 얼굴로 호박전을 뒤집었고, 급기야는 싼 프라이팬을 꺼내 호
박전을 옮겼다. 내 감정은 전혀 생각하지 않은 남편의 냉정한 태도
에 나도 화가 나서 투덜거렸다.

"우리가 먹을 건데 좀 좋은 프라이팬 쓰면 어때요?"

그러자 남편은 주절주절 잔소리를 늘어놓았다.

"당신 진짜… 제발 대충대충 일하지 좀 마세요. 정말 돌아버리겠
어. 조리 기구 구분 안 하고 사용하는 거 내가 제일 싫어하잖아. 개
념도 없고, 아무 생각도 없이 일하는 당신을 보면 진짜 짜증나. 함
께 일하면서 그거 하나 못 맞춰줘요? 그 간단한 일을. 그렇게 욕을
얻어먹었으면서도."

"아, 알았어요. 알았으니 그만해요. 개념 없는 여편네라서 진짜 미안하네요."

나는 매워서 눈물을 흘리며 썰고 있던 도마 위의 붉은 고추를 싱크대에 모두 쏟아 붓고 부엌을 뛰쳐나왔다.

남편의 반응은 어쩌면 당연한 것이었다. 꼼꼼하고 까다로운 성격의 남편은 요리에 맞는 조리 도구를 사용하고, 위생은 철저하게 지켜야 한다는 생각을 갖고 있었다.

하지만 아무리 화가 나도 함께 사는 아내를 '개념 없는 여편네'로 만들지는 말았어야 했다. 인격 모독에 가까운 남편의 말에 내 자존심은 큰 상처를 입었다.

나는 남편의 험악한 태도와 말투가 몹시 실망스럽게 느껴졌다. 식사를 마치고 차를 마시면서 조용히 내가 잘못한 부분을 지적하고, 앞으로는 조심해 주었으면 한다고 말할 수도 있는 일이었다. 그러면 나도 충분히 말뜻을 알아듣고 반성했을 것이다.

이와 비슷한 일은 여러 번 있었다. 그때마다 꾹꾹 참고 넘어갔지만 더 이상은 참기 싫었다. 남편에게 내 감정을 전하고 싶었다. 그래서 부엌에 들어가 남편에게 울부짖듯이 말했다.

"나는요, 당신이 진짜 싫어요. 너무너무 싫어요. 딱 1년만 당신도와주고, 그 후엔 같이 안 있을 거예요."

　남편은 평소와는 다른 내 태도에 충격을 받은 듯했다. 무슨 생각을 하는지 2시간이 넘도록 부엌에서 나오지 않았다. 슬그머니 걱정이 되었다. 당신이 싫은 게 아니라 당신의 행동과 말투가 싫은 거라고 말했어야 하나?

　그때 힘없이 부엌을 나온 남편이 내게 사과를 했다.

　"아까는 내가 너무 심했어. 당신한테 함부로 말한 거 정말 미안하게 생각해요."

　나는 이번 기회를 이용해 남편과의 문제를 해결해 보고 싶었다.

　"차 한 잔 하시겠어요? 마침 오늘 비가 와서 한가한 편이니 그동안 힘들었던 거 당신한테 다 이야기하고 싶어요. 당신의 거친 행동과 말투에 제가 상처 입고, 조금씩 병들어간다는 생각이 들어요. 당신도 그럴 거예요. 정말 이 상태로는 더 이상 안 되겠어요."

　나는 남편에게 섭섭했던 일들을 속 시원히 털어놓았다. 남편도 나에게 불만스러웠던 부분을 이야기했다. 그러면서 우리는 서로에 대해 너무 몰랐다는 사실을 알게 되었다. 남편은 내가 제일 좋아하는 것이 무엇인지, 무슨 일을 할 때 가장 행복한지 모르고 있었다. 나도 마찬가지였다.

희생은 결코 미덕이 아니다

그날부터 우리는 일을 마치고 집에 돌아와 2시간 정도 대화를 나누면서 서로에 대해 알아갔다. 남편은 성장 과정에서 있었던 아픈 추억들, 부모에게 받은 상처, 심지어 어릴 때 잠깐 도벽에 빠졌었다는 이야기까지 서슴없이 털어놓았다. 부모에게 받은 상처를 이야기할 때는 남편이 너무 안쓰러워 나도 함께 눈물을 흘렸다.

우리는 그렇게, 위로하고 위로받으며 서로의 '다름'을 인정하기 시작했다. 나는 꾸준한 대화를 통해 내가 왜 남편이 화를 낼 때 얼어붙는지, 나의 어떤 반응 때문에 남편이 더 화를 내는지 알게 되었다.

나는 남편을 좀 더 잘 이해하기 위해서는 먼저 나 자신부터 알아야겠다는 생각에 자기이해와 성찰을 위한 에니어그램 공부를 시작했고, 회사 다닐 때 배웠던 상담심리학을 우리 부부의 상황에 접목시켜 답을 찾기도 했다.

그러다 갈등의 원인이 남편이 아닌 나에게 있다는 사실을 발견하고는 크게 놀라고 말았다. 결혼 후 지금까지 갈등이 일어난 것은 말주변 없는 남편의 소심한 성격 때문이라고 여겼던 것이다. 하지만 아니었다. 문제가 생기면 애써 모른 척하고, 상황을 덮으려고만 했던 나로 인해 갈등은 더 깊어졌던 것이다.

순간 나는 소통의 참맛을 알게 되었다. 내가 아니라 상대 입장에서 바라보고 생각했을 때 비로소 진정한 소통은 이루어지는 법이었다.

나와의 소통이 이루어지자 남편은 변했다. 화가 나도 바로 터뜨리지 않고 30분 정도 참은 후에 불만을 달하거나 잘못을 지적했다. 그것이 습관으로 자리 잡자 사람들과의 대화는 한결 부드러워졌다. 사람들에게 강압적으로 지시하지도 않았고, 꾸지람을 할 때도 인격을 건드리지 않고 잘못한 부분만 지적했다.

우리 부부의 갈등은 서로를 깊이 이해하지 못하고, 다름을 알지 못해 일어난 것이었다. 마치 개와 고양이처럼 말이다.

개와 고양이가 싸우는 이유는 어느 한쪽이 잘못을 저질러서가 아니다. 생각하고 행동하는 방법이 서로 다르기 때문이다. 개는 기분이 나쁘면 꼬리를 내리고 기분이 좋으면 꼬리를 들고 흔든다. 그러나 고양이는 반대로 기분이 좋으면 꼬리를 내리고 기분이 나쁘면 꼬리를 번쩍 치켜든다. 개는 꼬리를 내리는 고양이를 오해하고, 고양이는 꼬리를 치켜드는 개를 오해해서 다투게 되는 것이다. 개와 고양이가 서로 다르다는 것을 안다면 둘 사이에 싸움은 일어나지 않을 것이다.

앞에서 말했듯이 갈등이 일어난 원인과 소통의 어려움을 겪는 이유가 상대에게 있는지 나에게 있는지 알기 위해서는 먼저 자신에 대해 알아야 한다. 내가 어떤 행동을 싫어하고 좋아하는지, 불편하거나 싫은 상황에 닥치면 어떤 말과 행동을 하는지 등등 스스로에 대한 분석과 성찰을 통해 자신을 이해해야 한다. 그래야만 상대에게도 내 입장을 이해하고 배려해 달라는 요구를 할 수 있다.

무조건 참는 것은 소통에서는 절대 미덕이 될 수 없다. 내가 희생해야지, 하는 생각으로 어느 한쪽이 인내한다면 겉으로는 갈등이 없어 보이겠지만 막힘없이 원활하게 소통할 수 있는 관계는 영원히 만들 수 없게 된다.

물론 우리 부부라고 해서 아무런 다툼 없이 사는 것은 아니다. 살아온 환경이 다르고, 성격도 전혀 다른 남자와 여자가 만나 함께 사는데 어떻게 갈등이 없을 수 있겠는가. 타고난 성격을 고치기란 결코 쉬운 일이 아니다.

다만 예전보다는 서로에 대한 이해의 폭이 많이 넓어졌기에 문제가 생겨도 마음을 털어놓고 대화를 나누면서 풀 수 있게 되었다. 다시 말해 갈등을 조정할 수 있는 능력이 생긴 것이다. 그런 과정을 통해 서로에 대한 신뢰와 사랑이 더욱 굳건해질 수 있다는 믿음도 생겼다.

그동안의 경험으로 내가 깨달은 분명한 사실은 '갈등을 슬기롭게 조정하고, 서로 다름을 받아들인다면 오히려 갈등이 소통의 통로가 될 수 있다.'는 것이다.

소통이 없는 삶은 불행할 수밖에 없다

남편과 소통을 하면서 시어머님과의 관계도 좋아지기 시작했다. 솔직히 말하면 예전에는 시댁에 다녀오기만 하면 머리가 아팠다. 남들은 시어머니와의 갈등으로 골치를 앓는다고 하지만 나는 남편과 시어머님의 갈등으로 골치를 앓았다.

친어머니와 친아들이 어떻게 만나기만 하면 싸우고, 서로 상처를 주고, 좋지 않은 감정으로 헤어지는지 도무지 이해할 수 없었다. 시어머님과 남편의 언성이 높아지면 나는 두 사람이 서로 화해할 수 있도록 갖은 노력을 다 했지만 효과는 전혀 없었다.

그러다 꾸준히 이어진 남편과의 소통으로 나는 무엇 때문에 시어머님과 남편의 관계가 나빠졌는지 알게 되었다.

여고를 졸업한 시어머님은 교사의 꿈을 접고 결혼을 하게 되었다. 결혼 후 시어머님은 두 아이를 낳았고, 큰아들인 남편은 치과의사를, 둘째아들은 무역회사를 경영하는 사장을 만들겠다는 계획을 세워 열과 성을 다해 키웠다.

　그런데 남편이 중학교에 들어갈 무렵 시아버님이 대장암 판정을 받았다. 병원에서도 몇 개월밖에 살 수 없다며 포기하다시피 한 시아버님을 집에 모시고 온 시어머님은 죽어가는 남편을 살리기 위해 갖은 애를 썼다. 그러면서도 시부모님을 모시고, 철부지 두 아들을 키워야 했다.

　시어머님의 노력으로 시아버님은 5년 후 기적적으로 건강을 회복했지만 그 과정이 얼마나 고단했겠는가. 시어머님은 당시를 회상할 때마다 살기 위해서는 세상 그 누구보다 강해질 수밖에 없었다고, 억척스러워질 수밖에 없었다고 말한다.

　하지만 그때 남편은 질풍노도의 시기를 지나고 있었고, 간섭하지 않고 내버려두면 더 잘하는 남편의 성격과 기질을 제대로 파악하지 못한 시어머님은 다그치듯 남편을 키웠다. 집안의 장남인 남편을 어떻게 해서든 훌륭한 의사로 만들려고만 했던 것이다.

　어머니의 강압적인 태도와 아들의 생각과 의견을 무시하는 냉혹한 말투에 많은 상처를 입은 남편은 분노와 미움의 감정을 갖게 되었고, 공부를 포기하다시피 했다.

　그 후 두 사람 사이의 갈등은 갈수록 깊어져 갔고, 최악의 상태로 지금에 이르게 되었던 것이다.

남편은 어머니를 미워하는 만큼이나 사랑하고 있었다. 그런데 자신의 마음을 제대로 표현하는 소통의 대화법을 알지 못해 어머니에게 오해를 받았고, 오해가 오해를 낳는 악순환이 되풀이된 것이다.

나는 남편에게 어머님과의 관계가 악화될 수밖에 없었던 이유를 차분히 설명해 주었다. 남편이 어머님에 대한 미움과 분노의 감정을 버리고, 어머님을 용서할 수 있도록 도와주고 싶었던 것이다. 처음에는 내 말을 부정하던 남편도 차츰 마음을 열기 시작했다.

내가 남편에게 집중했던 것은 칠순을 넘긴 시어머님보다는 마흔 살 남편을 변화시키는 것이 더 쉬울 거라는 판단 때문이었다. 결국 내 판단은 옳았다. 남편의 태도는 달라졌다. 어머니를 이해하려고 노력했고, 될 수 있는 대로 어머니에게 화를 내지 않았다. 그러면서 자신의 속마음을 조금씩 보여주었다.

변화는 또 다른 변화를 이루어낸다. 시어머님도 이전과는 달라진 남편을 마음으로 받아들이기 시작했다. 나는 남편과 어머니 사이를 오가며, 두 사람 사이에 소통의 다리를 놓아주면서 제 아무리 잘나고 똑똑하다 할지라도 상대방과 소통할 수 없다면, 사랑하는 마음이 있다 해도 소통을 통해 상대에게 알려줄 수 없다면 그 지식과 사랑은 참으로 비극적이라는 것을 깨달았다.

남편과 시어머님의 오래된 갈등은 그렇게 풀어져나갔다. 이제는 웃으면서 서로 농담을 주고받기도 한다. 예전에는 바늘방석에 앉은 것처럼 불안한 눈으로 두 사람을 지켜봤는데 지금은 아주 편한 마음으로 두 사람을 볼 수 있게 되었다. 가끔 두 사람이 다툴 때도 예전처럼 가슴을 졸이거나 하지 않는다.

나무를 키우듯 소통의 능력을 키워라

'빨리 가려면 혼자 가고, 멀리 가려면 같이 가라.'는 말이 있다. 목표지점에 빨리 도착했다 한들 함께 기쁨을 나눌 사람이 없다면 무슨 소용이 있겠는가?

사람들과 함께 가는 길을 즐거운 여행길로 만들기 위해서는 소통의 능력이 있어야 한다. 타고난 소통의 능력이 신통치 않다고 해서 낙담할 필요는 없다. 내 남편도 몇 년 동안 노력하니 지금은 아줌마들과 시시콜콜한 농담을 주고받을 수 있을 정도로 눈높이 소통을 할 수 있게 되었다.

이처럼 노력하고, 정성을 들이면 소통의 능력은 커지게 되어 있다. 나무를 심어놓고 물을 주지 않으면 죽는다. 매일 들여다보고 물과 영양분을 주어야 수고한 만큼 잘 자란다. 소통도 마찬가지다. 소통의 능력을 키우기 위해서는 먼저 성찰을 통해 자신의 내면을 들여다보려는 노력을 해야 한다. 그래야 타인과 나와의 차이를 알게 되고, 그 차이를 받아들일 수 있게 된다. 진정한 소통은 서로 다르다는 것을 이해할 때 비로소 이루어진다.

"지금 행복하세요?"

이 질문에 서슴없이 "예."라고 대답할 사람이 과연 몇이나 될까?

돈이 많으면 행복할까?

사랑하는 사람이 옆에 있으면 행복할까?

승진을 하면 행복할까?

큰 집에서 살고, 외제차를 굴리고, 명품 옷을 입고 다니고, 남들이 나를 알아주면 행복할까?

미국 드라마 「섹스 앤 더 시티」에서 나이 오십이 다 된 사만다는 남자 친구에게 이렇게 말한다.

"나는 당신을 정말로 사랑해. 하지만 나는 나를 더 사랑해. 이제 남은 시간은 나를 위해 쓰고 싶어."

누구나 행복해지기를 원하는데, 그러기 위해서는 꼭 알아야 할 사실이 있다. 삶은 누구를 위해서가 아니라 '나를 위해서', '나 때문에' 살아야 한다는 것이다.

무엇을 할 때 기쁜지, 무엇을 할 때 우울한지, 무엇을 할 때 흥이 나는지, 무엇을 할 때 괴로운지 스스로에게 묻고 그 답을 찾아야 한다. 그래야 나의 행복도 찾을 수 있고, 주위 사람들에게 기쁨도 줄 수 있다.

누군가 나에게 "지금 행복하세요?"라고 물어온다면 나는 곧바로 "예."라고 답할 수 있다. 그 이유는 내가 나를 위해 살고 있기 때문이다.

나는 TV를 거의 보지 않는다. 그래서 요즘 누가 뜨는지, 어떤 프로가 재미있는지 잘 모른다. 나에게 꼭 필요하다고 생각되는 프로그램은 컴퓨터로 보는 편이다.

그런데 언제부턴가 아는 사람들로부터 특히 내가 진행하는 수업에 참가해 본 사람들 박칼린를 닮았다는, 박칼린을 보면 내가 생각난다는 이야기를 자주 듣는다.

내가 처음 그녀를 닮았다는 스리를 들은 건 「남자의 자격」을 본 사람들에게서였다. 나는 그 프로그램은 한 번도 본 적이 없어 무슨 내용인지 잘 모른다. 며칠 전에는 나에게 수업을 들었던 제자가 전화를 걸어 "박칼린이 쓴 책을 읽고 있는데 갑자기 선생님 생각이 났다."는 말을 했다. 또 최근에 대학교 동창 모임에 나갔는데 그곳에 있었던 선후배들이 이구동성으로 박칼린과 내가 쌍둥이처럼 닮았다는 말을 하는 것이 아닌가.

궁금했다. 도대체 박칼린, 그녀가 누구기에?

나는 서점으로 달려가 그녀의 책을 사서 읽었다. 앞부분 몇 장을 읽자 사람들이 왜 그녀와 내가 닮았다고 하는지 알 수 있었다.

'진흙 속의 진주'를 찾아내는 것, 그 일이 나에겐 어마어마하게 스릴 넘치고 재미있는 일이라는 것을 알게 되었다. '진흙 속의 진주, Diamonds in the rough!'

내가 말하는 진주는 아직 만들어지지 않고 다듬어지지 않은 인재들을 말한다. 남의 눈에 아직 띄지 않은 사람, 아직 덜 다듬어져서 다른 사람이 그의 재능을 눈치 채지 못했지만 유난히 내 눈엔 미래에 완성될 보석이 뚜렷하게 보이는 일, 그래서 나만이 그걸 알아채고 혼자 그 원석을 깎아낼 때 그 순간순간의 폭발적인 희열. 이미 만들어진 스타를 캐스팅하는 건 누가 못하겠나? 그건 쉬운 일이다.

재능 있는, 그러나 세상에 알려지지 않았던 어느 누구가 미완성의 무엇에서 스타로 탄생할 때까지 시간과 마음을 투자할 수 있는 사람이 진정한 진주 발견자이다.

- 박칼린의 『그냥』 중에서

이번 책은 그 어느 때보다도 어려운 과정을 거쳐 나왔다. 나의 수업을 들었던 이자클_{이숙영 자기계발 클리닉www.newlife4u.co.kr} 연구원들의 사례를 넣었기 때문이다.

그들은 진흙 속의 진주들이었다. 남들 눈에는 어떻게 보일지 몰라도 내 눈에는 아름다운 보석으로 반짝반짝 빛나는 나의 소중한 제자들이자 친구이며 스승이다.

음식을 함께 먹으면 식구가 되고, 배움과 경험을 함께하면 벗이 되고, 꿈과 비전, 꿈 너머 꿈을 함께하면 평생의 동반자가 된다고 한다. 황민정, 문영란, 김민희, 이나겸, 그리고 뒤늦게 알게 된 최정숙님. 이들은 모두 평생의 동반자들이다. 이들은 나와 혼魂이 통하는 진정한 나의 벗이다.

늦바람이 무섭다는 말, 들어본 적이 있을 것이다. 고백하건대 나는 늦바람난 대표적인 사람에 속한다.

그냥저냥 남들처럼 살아볼까 하다가 그 속에서 숨이 막혀 죽을 것만 같아 늦바람이 나기 시작했다. 나 자신의 정체성을 찾아 헤매는 늦바람난 여자, 나 자신의 재능을 찾기 위해 늦바람난 여자, 감사함에 늦바람난 여자, 공부에 늦바람난 여자, 겸손함에 늦바람난 여자, 사랑에 늦바람난 여자, 도전과 모험에 늦바람난 여자가 바로 나였다.

내 진짜 인생은 이처럼 늦바람으로 시작되었다. 늦바람을 신바람으로 바꾸어 신명나게 일을 했고, 그것이 나를 성공으로 이끌어주었다.

살다 보면 내 안에 있는 나의 분신들을 발견하고 당황할 때가 있을 것이다. 그중에는 긍정적이고, 에너지가 넘치는 분신들도 있지만 욕심과 욕망의 분신들도 있다. 그 분신들끼리 부딪쳐 갈등이 일어나는 것이며, 때문에 내가 바라고 원하는 내 모습을 그려내는 것이 때로는 어려워진다. 하지만 어쩌랴. 그 분신들을 다독이고 돌보아야 하는 것이 내 인생인 것을!

그 분신들 하나하나를 인정하고, 애정을 가지고 대하다 보면 나 자신을 사랑할 수밖에 없게 된다.

그런데 요즘에는 다른 사람들에게도 관심이 많아졌다. 그들도 나만큼이나 소중한 존재라는 것을 깨달았기 때문이다. '소통이 새로운 세상을 만든다.'는 믿음으로 사람들의 이야기에 귀를 기울이는 일은 나의 즐거움 중 하나가 되었다.

문득 예전에 즐겨 듣던 「가시나무 새」라는 노래가 생각난다.

오늘, 조용히 그 노래를 들으면서 자신과 늦바람 한번 나보는 건 어떨까?

내 속엔 내가 너무도 많아 당신의 쉴 곳 없네

내 속엔 헛된 바램들로 당신의 편할 곳 없네

내 속엔 내가 어쩔 수 없는 어둠 당신의 쉴 자리를 뺏고

내 속엔 내가 이길 수 없는 슬픔 무성한 가시나무 숲 같네

바람만 불면 그 메마른 가지 서로 부대끼며 울어대고

쉴 곳을 찾아 지쳐 날아온 어린 새들도 가시에 찔려 날아가고

바람만 불면 외롭고 또 괴로워 슬픈 노래를 부르던 날이 많았는데

내 속엔 내가 너무도 많아서 당신의 쉴 곳 없네

이 세상에 태어나 내가 누릴 수 있는 최고의 특권은 나를 알아가는 것이다. 나는 나 자신일 권리가 있다.

I have a right to be myself!

2011년 1월 12일

이숙영

| 참고 문헌 |

『감성경영 감성리더십』, 신정길 지음, 넥스비즈, 2004.

『경영학보다는 소설에서 배워라』안상헌 지음, 위즈덤하우스, 2010.

『곁에 두고 싶은 사람이 되라』, 티모시 케이닝햄 · 러잔 엑소이 · 루크 윌리엄스
　　　　지음, 박선령 옮김, 지훈, 2010.

『그냥』, 박칼린 지음, 달, 2010.

『나의 경쟁력』, 방미영 · 조연심 지음, 행간, 2010.

『드림 소사이어티』, 롤프 옌센 지음, 서정환 옮김, 리드리드출판, 2005.

『마사 스튜어트 아름다운 성공』, 마사 스튜어트 지음, 김종식 옮김, 황금나침반,
　　　　2007.

『마흔 이후에 성공한 사람들』, 알랜 줄로 지음, 황현덕 옮김, 수린재, 2007.

『미술관에는 왜 혼자인 여자가 많을까』, 플로렌스 포크 지음, 최정인 옮김, 푸른숲,
　　　　2009.

『새로운 미래가 온다』, 다니엘 핑크 지음, 김명철 옮김, 한경비피, 2007.

『아웃라이어』, 말콤 글래드웰 지음, 노정태 옮김, 최인철 감수, 김영사, 2009.

『여성과 직업』, 부산대학교 여성연구소 엮음, 시그마프레스, 2009.

『여자와 남자』, 박혜란 지음, 웅진지식하우스, 2003.

『열정과 기질』, 하워드 가드너, 문용린 · 임재서 옮김, 북스넛, 2004.

『인간관계에서 진실한 마음을 얻는 법』, 양창순 지음, 랜덤하우스코리아, 2006.

『정말 소중한 것은 한 뼘 곁에 있다』, 이우성 지음, 돋을새김, 2009.

『창의성의 즐거움』, 미하이 칙센트미하이, 노혜숙 옮김, 북로드, 2003.

엄마, 행복해?

초판 1쇄 인쇄 | 2011년 2월 15일
초판 1쇄 발행 | 2011년 2월 21일

지은이 | 이숙영
펴낸이 | 김찬웅
펴낸곳 | 세종미디어
편집주간 | 임덕경
디자인 | 권대홍 · 조인경
마케팅 실장 | 김용구

등록번호 | 제301-2008-217
등록일자 | 2008. 12. 24.
주소 | 서울시 마포구 서교동 355-29 금성빌딩 206호
전화 | 02-2269-1145   팩스 | 02-2265-1175
이메일 | sejongpub@hanmail.net

값 12,000원
ISBN 978-89-94485-04-1   13320